U0054687

速寫當代美國詩壇

Sketches of Contemporary American Poetry

詩人的訪談及朗讀

謝勳 著

推薦序

非馬

上個世紀六十年代我應台灣《笠詩刊》主編白萩之邀，為台灣的讀者譯介美國當代詩人的作品，開啟了我譯詩並進而寫詩的人生歷程。當時我很希望能進一步了解美國詩壇的情況，特別是個別詩人的所思所想——他們的人生觀、世界觀，以及對文學與詩的看法等等。但那時候還沒有網路，資料搜尋不易，更不用說同詩人直接通電郵對話交流了。在那種情況下，只能根據作品本身來翻譯，但這樣的翻譯，總給我一種意猶未盡的感覺。其實翻譯如此，閱讀也如此。面對一位熟知其思想與詩觀脈絡的詩人的作品，必有如面對故人般親切，更易於進入他的詩天地。

不過話說回來，即使當時有今天的各種方便，我想我也不可能有毅力與能耐，像謝勳兄那樣花大半年的工夫，去調查研究了解一位可能的對象，並千方百計設法去接觸聯繫，進行獨特的訪談。由於他自己也寫詩，所以他提出的問題都顯得中肯而切題，富有針對性及誘導性，更容易讓受訪者袒露胸懷，吐露出深藏內心的話。

在這本書裡受訪的美國詩人大多是美國詩壇上爍爍發光的明星，但最讓我感興趣的是他同華裔詩人李立揚以及舊金山詩人弗林格堤的對談。我同李立揚相識多年，他曾英譯過我幾首詩，我也曾在台灣、中國大陸及美國的華文報刊上譯介過不少他的作品，獲得了讀者的相當好評。也許是他的幼年經歷造成了他略顯孤獨憂鬱的個性，我們在一起時多半是同兩家人大伙兒一起嘻嘻哈哈共聚，很少有單獨相處觸及個人的過去及內心世界的機會。至於弗林格堤，我早年曾譯過他的詩集《心靈的科尼島》與《從舊金山出發》，對他的「聲音」似乎頗熟悉，謝勳兄的這兩篇訪談都讓我有「身臨其境」的親切感覺。

從這本書裡，我們還可了解到美國詩壇的一些活動與近況。比如過去二、三十年來在芝加哥等地搞得熱火朝天的詩角力（poetry slam）活動，開頭頗令人興奮，以為可吸引更多的讀者特別是年輕人的興趣與參與，但正如女詩人朵夫所指出的，為了爭取觀眾的即時反應，詩角力越變越低俗，真正觸及心靈的詩在這種場合反而顯得有點不合時宜甚至毫無用武之地，使得這種活動無法鼓舞或引發更高層次的創作，實在非常可惜。書的最後幾章分別介紹了美國桂冠詩人、道奇詩歌節與柏克萊詩道等，相信都是了解美國詩壇的好窗口。

2013年6月於芝加哥

自　序

詩人，像夜空中的星星，兀自閃閃發光。串起那點點的星光，緣起於一場偶然間的閒談。

我開始勤於寫詩後，因為長年居住美國，對英文詩也感染了很濃的興趣，特別是對美國當代詩壇的發展趨向與現況。有一次，我回台灣時遇見女詩人莫云，與她分享不久前我在史丹佛大學聽了美國桂冠詩人品司基（Robert Pinsky）回母校朗讀詩的情節。她建議我把當時詳細的筆記整理成一篇報導，發表在秋水詩刊裡。詩刊主編涂靜怡和女詩人琹川也都鼓勵有加，希望我能在秋水詩刊每期的「海外詩壇」專欄裡持續介紹美國詩壇的景況。

由於這個因緣，我得以實現一個深藏內心已久的願望：直接訪問有代表性的美國詩人。一位又一位的訪談，一篇又一篇的報導，就像洋蔥一瓣一瓣地往裡剝，漸進核心。整個過程中，對於選擇訪談的詩人所展現的個別特質，我盡可能力求均衡，同時也反映美國社會的多元化。他們分別來自不同地區和族裔（印第安裔、非裔、墨西哥裔、亞裔及阿拉伯裔），當中有三位美國桂冠詩人。

我訪問的第一位詩人是心儀已久的，遊走於科學與詩文之間的諾貝爾化學獎得主霍夫曼（Roald Hoffmann）博士。雖然我與他素昧平生，也無人引介，他卻慨然應允了。訪談間的互動和結果超乎我的預期，也為我後續訪問其他十三位詩人的計劃起了很大的鼓舞作用。不過，我總是戰戰兢兢，以不計成敗的態度，為每一場有可能不會開花結果的訪談，傾注心力作事前準備：瞭解每一位詩人的背景、詩風、詩觀和有趣的插曲，大量閱讀他（或她）的詩集以及過去的訪談（以避免雷同的提問），並作詳細的筆記和累積一些訪談時可能派上用場的提問，然後再寄出邀請訪談的信件。

這樣的準備往往需要花個半年左右的時間。幸好，大多數的訪談都能夠依照我的期望進行而完成，只有三位詩人厚厚的檔案成為我那一段將近六年時光裡用不上的純粹紀念品。與詩人訪談的方式包括直接面對面或透過電話的對談，或者以信件或電子郵件來完成。喜歡以電郵作訪問的詩人越來越多。為了彌補信件訪談所缺少的突發性的問答，信件接連往來好幾回合是很常有的事。除了非馬之外，每一位受訪者都不懂中文，卻都願意承受風險，信賴我這個陌生人，在陌生語言的詩刊上發表他們心靈深處的感發，著實令我非常感動。

盛行於美國各地的詩的朗讀會，可以說是另類的訪談，因為台上主持人和詩人之間的對談，或者朗讀之後台下聽眾的發問，往往成為詩朗讀節目中重要的片段。這些對話也是瞭解一個詩人的珍貴資料，尤其是對奧麗佛（Mary Oliver）這樣極少願意接受訪問的詩人來說。透過袖珍手電筒照射下所作潦草的筆記和音質粗糙的錄音，我總是試著捕捉現場的氣氛、朗讀和談話內容的全貌。

《速寫當代美國詩壇——詩人的訪談及朗讀》就是將近六年間在秋水詩刊「海外詩壇」專欄裡所寫的文章集結而成的。本集子最後三篇文章是為美國當代詩壇作比較輕鬆的速寫。〈美國桂冠詩人〉介紹了美國國家桂冠詩人頭銜的由來、立意和其中的一些插曲，而〈當詩歌統治了滑鐵盧村——美國道奇詩歌節〉和

〈把詩留在舊金山（上）——柏克萊詩道〉則分別為一個大型詩歌節慶和美國最出名的詩的地標作一番臨場的報導。

過去，有系統地記述當代美國詩壇現況的書籍鮮少。1972年，張錯教授以翱翱的筆名出版了《當代美國詩風貌》[1]，距離今天也已經超過40年了。那一本著述比較著重於作者個人對當年美國詩壇和一些詩人的印象及解讀。十幾年後，多年埋首從事中英詩翻譯有成的宋穎豪先生根據知名詩人聶麥諾夫（Howard Nemerov）編輯的《當代美國詩》（*Contemporary American Poetry*），挑選十六位美國詩人，將他們自由發揮所闡述的詩觀及寫作的心路歷程，集成一冊，名為《詩經驗談》[2]。這一本精彩的譯作提供了1967年代美國詩壇發展的面貌。

二十世紀美國大詩人輩出。惠特曼（Walt Whitman）、威廉斯（William Carlos Williams）、龐德（Ezra Pound）、艾略特（T.S. Eliot）、佛洛斯特（Robert Frost）、史蒂文斯（Wallace Stevens）等人奠定了美國詩壇的獨特個性。二十一世紀初期的今天，美國詩壇多元化了，不同族裔的詩人紛紛崛起。本書不只提供這方面資料的補充，也特別強調第一手資料的可貴性，且不辭冗煩地讓詩人以他們最嫻熟的語言，暢談自己對於詩的不同面向的看法。

出書之際，我首先要感謝我太太黃梅香能讓我專心做這個可謂我能力極限的大膽嘗試，演繹一個文化交流橋樑的角色。我也要感謝涂靜怡、莫云、琹川、非馬、張堃、宋穎豪、林獻章、宋勝海、賴中榮、風信子、趙化、朱琦、張梅駒、陶至真、陳淑珍、王偉、詹台英、楊天強、石龍生、周典樂、輕鳴以及許多其

---

1 翱翱：《當代美國詩風貌》，環宇出版社（台北）1972年5月出版。
2 宋穎豪譯：《詩經驗談》，書林出版有限公司（台北）1989年12月出版。

他詩友具體的鼓勵和建議。他們給了我至多精神上不斷往前走的勇氣。有好幾位朋友告訴我，因為我文章裡的介紹，他們開始閱讀那些美國詩人的作品，這是我最感動的收穫。

最後，我還要感謝知名詩人非馬為這本書寫了序文，以及秀威出版社的宋政坤總經理和編輯劉璞先生慨允出版此書。串起點點的星光，我希望，能使我們對詩的視野更開闊些。

2013年秋序於美國舊金山灣區

目次 | CONTENTS

詩朗讀

詩的禮讚

詩人訪談

我的心，我的手，都歸屬於泥土

——訪問詩人庫敏（Maxine Kumin）

在2008年的道奇詩歌節（Dodge Poetry Festival，參見〈當詩歌統治了滑鐵盧村——記美國道奇詩歌節〉）裡，曾經榮膺1981年美國桂冠詩人的瑪馨．庫敏（Maxine Kumin）所展現的機智、見識與自在給了我很深刻的印象。她和摯友安．莎克斯敦（Anne Sexton）兩人在六〇、七〇年代與當時以羅威爾（Robert Lowell）為首，獨領美國詩壇風騷的一些波士頓詩人來往，而成為美國現代女性詩人的先驅。她獲獎無數，包括1973年以詩集《內陸》（*Up Country*）獲得了普立茲詩作獎。

三十二歲才開始認真寫詩的庫敏，對詩的執著可以從她說過的兩句話中看出來：「我是詩的傳道者。」以及「寫作拯救了我。我如果沒寫的話，真不知該做什麼呢。」她最近有一首詩〈召喚〉（A calling）是這麼寫的：「詩，就像耕作／是一種召喚，需要執著／深林裡松雞振翅如擊鼓般的奮力／以及長壽／……」她永不懈怠的努力，如實呈現在十七本詩集，七本小說（包括推理小說），七本散文集，以及二十三本童書（有些與莎克斯敦合著）裡。她的詩，時常要經過十次左右的修改才能定稿。她說：「如果稿子到第十次修改還沒成形，我就認為它無法定稿而放棄。」她期許自己，寫詩要吸引讀者的興趣，讓韻律、押韻和斷句滿足他們的耳朵。

庫敏說過：「我不喜歡用抽象的字眼。我要我的學生多用隱喻或明喻。」她的寫作風格一向是平易而直接的，不喜歡華麗詞句的堆砌。她認為，過去十年間，自己的詩變得更強有力，更聚焦，並且少用形容詞。如此，詩就會更加令人難忘。

她和莎克斯敦之間深摯的友誼，可以從庫敏這首詩〈修正論者的夢〉（The revisionist dream）中，感覺到她那種無法接受的心情：「她沒有自殺，那個下午／那個溫暖的十月天，我們坐在／屋外吃三明治。她說她開始／做瑜珈，學鋼琴／改寫一個充滿著慾望與傲慢的劇本／因此她沒有自殺，那個下午／……／她說，她開始加快拍子／開始學茱莉雅・柴爾德的烹飪／與在床上做的展肺深呼吸／因此她沒有自殺，那個下午／我們吃三明治。夢，爆炸在黎明時」。

她有一首短詩〈熱浪過後〉（After the heat wave）：「雨，落在剛剪過毛的羔羊上／鹿虻躲起來，黑蠅也不在場／沒有動物從大倉庫露面／貓在穀倉裡睡眠，鳥在填飼／三窩的小燕雀、兩窩的知更鳥／我剝開這季碗豆的新莢／那慈悲的夏雨／整個早晨就那樣一串串垂落在我身旁」。就像在這首詩裡，周遭的動物（包括那些她收容的動物）、花草、菜蔬及鄉間生活，她著墨頗多，時常洋溢出一種對大自然，對土地的熟悉感和深沉的愛。2010年年初，將屆八十五高齡的庫敏和先生，長年住在美國東北角的新罕布夏州的一個鄉下。當氣候許可的時候，兩人仍然為花園和動物而忙碌。她一生寫詩，試著在人生的無常感和周遭物理世界鮮明的存在之間找到平衡點。有評論家將她和美國著名詩人羅伯・佛洛斯特（Robert Frost）相比，因為他們兩人生活的區域相同，寫的內容類似，也同樣注重節奏、押韻及音節等傳統形式。也有人認為，在當代詩壇多數人表現混亂與沒有意義的宇宙的時候，很難得的是，少數像庫敏這樣的詩人卻強調秩序。

庫敏是個無神論者，但出身於猶太家庭的她卻重視猶太人傳統的核心價值。家人和朋友也是時常出現在詩裡的主題之一。〈家人團聚〉（Family reunion）就是典型的例子：「八月你回家一星期／成熟、內行、又疏遠／……／流露出我們的姿勢，你變得多麼明智／成長得滿溢了我們的空間／像你爸媽從前即將為人父母時／你短暫的歸來，考驗了我們／比當年放開你的感觸還難」。

2010年農曆除夕夜那一天，庫敏洋洋灑灑地以電郵的方式，回覆了我的訪問請求。我們兩回合的電郵往來之後，完成了以下的問答：

謝勳（以下簡稱謝）：妳和著名女詩人莎克斯敦同時開始寫詩，而且變成了摯友。妳們兩人是如何相互影響彼此的詩作？

庫敏（以下簡稱庫）：我們以同理心聆聽對方的訴說，或建議如何修改作品。雖然我們一開始就決定維持我們個人的風格，無可避免地，相互的影響使彼此受益良多。我的詩變得比較坦露大膽，而莎克斯敦的詩後來也比較注重詩的韻律及形式。我們彼此朗讀詩作，以供討論修改，這樣的習慣訓練了我們耳朵的敏感度。她有些詩是我從垃圾桶裡撿出來修改過的；我的詩作裡，也會偶有她編輯過的痕跡。

謝：妳能概略地敘述，隱含在妳詩中對大自然的哲理嗎？

庫：我不知道我是否有一種帶有條理的自然觀。我的許多首詩的確取材於我們生於斯長於斯，收成蔬菜的土地。四十多年來，我們親自照顧這一百英畝地（現在大部分屬於保護區），牧草上灑肥料和石灰，定期割草，讓我們養的馬匹總是有好的牧草可吃。我們飼養並訓練十隻小馬，希望牠們成長為好馬。所以，也許我比其他許多詩人對土地更為熟悉。我熱愛採擷野生蘑菇，還有，我也收集附近一條溪流沿岸長的野生捲形嫩葉蕨。我或許可以說些重視野生保護自然的大話，但我不喜歡如此做。我和我先生以有機方式種植蔬菜。我是一個很投入各種綠色運動的支持者。因為這種對大自然的尊重，我也很希望能保護生存在美國西部的最後一群即將消失的野馬。美國土地管理局得到一些巨大牧場主人的好處，讓野馬絕種，把土地讓給牧場養牛。現在你也許看出來了，我對這樣的議題會很激動。多年來，我先生和我從收容所領養了六隻狗，用心照顧，每一隻都帶給我們歡樂。牠們在這裡都活得很長壽。現在我們養的這兩隻已經十二歲了，活潑得很。我剛剛說的算不算是自然觀的一部份？

謝：當然是。請問，老化和死亡常出現在妳詩作中。能請妳談一談對這兩個主題的看法嗎？

庫：我年紀大了，所以老化和死亡常出現在我的詩裡。至於我的看法嗎？死亡更靠近一步。我和先生結婚六十三年了；算是自私吧，我希望比他先走，而不必一個人單獨活下去。不過，我們人類只是自然循環的一部份而已；我們生下來、我們活著、我們死去。我是個無神論者，慶幸自己不受任何宗教的束縛。我在一個猶太教家庭中成長，有很強的猶太意識。但是我已經有五十年沒上猶太教堂了。而且，這樣想好了：如果人不會死的話，我們就不會有寫詩的衝動了。從某方面來說，詩本質上就是哀傷的。

謝：將近四十年裡，妳至少出版了十七本的詩集，令人欽佩。妳是如何讓靈感源源而來，又是如何堅持不懈呢？

庫：現在的我寫詩，就好比是餘燼。我覺得，我已經寫了自認為重要的詩了，不想當一個寫劣質詩作的老者。無論如何，我的靈感正在休息中。

謝：妳幾乎到了中年才開始發表詩作。請問，妳認為寫詩寫得晚是否反而有益？

庫：到了中年才寫詩，也許可以避免那種慘綠少年，膚淺的感情宣洩吧。

謝：除了詩，妳也出版了好幾本小說、散文以及童書。當妳寫不同的文體時，是否需要特意地變換創作的模式？

庫：不，我從沒特意地變換創作的模式。我的小説題材，好像都來自不適合以詩表達，所剩餘的材料。至於散文，大多數是各種刊物的邀稿。到現在，童書仍然是我重拾熱愛和樂趣的結果。我最近才剛出版了一本童書《凱撒的顏色是什麼？》（*What Color Is Caesar?*）。不過，所有的文體都跟文字有關。我不認為一首詩和一篇小説或一部戲劇有多大的差別，因為它們都必須注意情節的脈絡，從開頭到結尾。

謝：1998那一年，妳遭遇一場騎馬的意外事故，差點送了命。那件事影響到妳對人生及寫作的看法嗎？

庫：那是一個恐怖的經驗，我到現在還感受到那種神經質的後遺症。但是，它並沒有影響我的觀點。

謝：妳曾經說過：「依我看來，我的生活本身就是我作品的隱喻。」妳能解釋一下嗎？

庫：那是一句晦澀的話，不容易說得很清楚。基本上，我想說的是，我寫的東西都來自日常生活的現實當中。我不擅於作簡明扼要的大道理的闡述，避免玄想之類的東西。我的心，我的手，都歸屬於泥土。

鄉村小鎮見詩意
——訪問詩人庫瑟（Ted Kooser）

2004至2006年的美國國家桂冠詩人泰德・庫瑟（Ted Kooser）是第一位來自美國中西部大平原，榮獲這項頭銜的詩人。他生於愛荷華州，長年居住在內布拉斯加州，所以對大平原裡的鄉村小鎮生活的體驗比任何其他詩人來得深，最能代表那一片廣袤平原裡人民的心聲。他的詩總是觸及小鎮生活的點點滴滴，像一位老農的逝去、鄉村寧靜空曠的午夜、一罐回收的鈕扣、河邊垂釣、田間小蚱蜢等等。他總是能把那些平淡的主題轉化成人生不易的哲理。他的一首短詩〈冬日清晨〉（A winter morning）很典型地勾勒了那樣的鄉村生活：「公路遠處一方農舍的窗子／對著黑暗低微而自信地傾訴／陪伴這一片的沉寂只有熱水壺的耳語／遙望寒冷的星光，是那一圈藍色的火焰」。

他也是極少數曾經長年累月在企業界服務的美國桂冠詩人。拿到英語文學的學士和碩士後，他進入了保險業工作，退休前是一家保險公司的副總裁。在那35年的歲月裡，他不斷地寫詩，發表作品，還創立了專門出版現代詩集和兩本詩刊的出版社。他始終是個完美主義者，常常非得把詩稿改了又改不可，但也明白，過份修改的風險是可能毫無血氣。

庫瑟勤於讀詩，私人的書架上就存有一千多本的詩集。他認為，指定讀本並不是讓學生喜愛文學的好途徑，而是應該讓他們自己找喜歡的讀物。對他來說，日日是好日，都是上天賜予的禮物。數年前，庫瑟被診斷出有癌症後，他和摯友哈理森

（Jim Harrison）就開始以詩互通音信，無所不談。2003年他們把這些詩集結成書：《鑲飾的小溪：詩的對話》（*Braided Creek: A Conversation in Poetry*）。

他一共出版了12本詩集，其中《歡樂與憂愁》（*Delights & Shadows*）獲得2005年的普立茲詩獎。費城詢問報對他的詩有如下的評語：「庫瑟用詩拂拭平凡的事物，揭露其中的哲理，就像調查者拂去灰塵找指印一樣。」他擅於借用隱喻，而且常以隱喻起頭，再作鋪展，像〈照相機〉（Camera）這首詩這樣寫著：「盒式布朗尼相機／顏色樣子都像／車子裡的電池／只是比較輕小／所有美好的時光／草坪上粗簡的野餐／新買的道奇車／復活節日聚會／每片記憶清晰／在時光流裡／這些往事已然滲漏／只留下殼子／這具火花不再的小電池」。

庫瑟也寫散文和文學評論，曾出版了兩本寫作導引方面的書，其中一本《詩室修理手冊》（*The Poetry Home Repair Manual*）提供愛詩者一些經驗談，宏觀與細節兼顧，頗受歡迎。他認為，詩是一種對外界或內心的發現所做的記錄。和柯林斯（Billy Collins；參見〈揭開詩的迷霧——幽默詩人柯林斯〉）一樣，庫瑟極力主張寫明朗易解的詩，還曾半開玩笑地說：「任何人都可以寫一首沒人能懂的詩」。

1986年2月14日情人節那天，庫瑟寫了一首短詩，印在明信片上，寄給五十位女性朋友，許多是他朋友的太太。他說，感謝他太太的心寬善良，每年容忍他做這種「傻事」。庫瑟從沒料到，這成為一個很受歡迎且持續到2007年，達2700個收信者的傳統，也為美國詩壇添了一段佳話。有些人還把他這些「情人節」寫的詩製作成冰箱上的小磁鐵。最後，卻因為郵費的負擔，他只好結束了多年來詩樣的壯舉。那些短詩所觸及的主題，包括愛的光輝及無所求、友情的默默之美，以及思慕的苦樂。後來那些詩集結成冊：《情人節》（*Valentines*）。其中一首題名為〈給妳，朋友〉（For you, friend）的詩是這樣子的：「這情人節，我願久久站在／廚房小凳子上／為妳按住時鐘的指針不放／讓妳到處以妳的可愛／走起路來更加輕快／……／悽涼走在冬日的街道／路人將長記這個日子：／他們如何偷偷瞟一眼／妳快樂地站在店面／漫步在時間的界外」。

每位國家桂冠詩人在任時，都會做些推廣詩歌的方案或活動。庫瑟發起了「美國生活見詩意」（American Life in Poetry）的方案。這一個免費讓新聞及網路刊物轉載的詩歌專欄的用意在於，詩歌饒有興味，為繁忙的日常生活帶來一種新的視野，讓詩在美國文化中佔有一席可觀之地。每星期一次，每次刊載一首來自不同地方的當代美國詩人的詩。庫瑟為每一首詩寫些簡短的評語，但不登自己的詩作，也不選錄複雜難解的作品。目前有六十幾家報紙及網路刊物轉載這個專欄。

2008年9月底在「道奇詩歌節」（Dodge Poetry Festival；參見〈當詩歌統治了滑鐵盧村——記美國道奇詩歌節〉）這個北美最大的，每兩年一次的詩歌節裡，我第一次見到這位久仰的詩人。他當時顯得相當清瘦，聽說是病中初癒，也就不忍心開口表達面談的期望。之後，我寫了信邀請他做書面往返的訪談。他說，這幾個月特別忙，不容易另找時間，於是，選日不如撞日，立刻回答我預先準備的一些問題。以下就是我們的一段問答：

謝勳（以下簡稱謝）：你在保險界工作了35年之久。職場如何影響了你寫詩以及你寫的詩？

庫瑟（以下簡稱庫）：每天應付的都是對詩不感興趣或沒

受過詩的陶冶的人。這種情況幫助了我培養出一種特別方式的寫作，讓缺少文學素養的人也能夠容易接近。我頗能判斷一般工商業界的人士是如何將文學帶進他們的生活裡。如果，我畢業後就在大學裡教書的話，那麼我就無法培養出這樣的能力。我在報紙上的專欄「美國生活見詩意」，每星期約有四百萬個讀者。它也是我了解一般工作的人閱讀的習慣而產生的成果。

謝：當你還在保險業工作時，你如何找出時間和環境寫詩呢？

庫：我每天清晨四點半到五點之間起床，寫個兩三小時，再去上班。

謝：你住在中西部大平原。那裡的風景和生活型態如何塑造了你的詩？

庫：我一生都住在那大平原上，那裡的風景就是我生活的環境。所以無可避免的，它們成為我詩裡的背景。

謝：你的詩以清晰、精準和易解而有名。你如何在詩中保有那些特質，而又能喚起讀者的想像力及美感？

庫：當我修改詩稿時，總是大刀闊斧的，幾乎每一次都改得更清晰，遠離晦澀。我希望讀者能了解我寫的是什麼，而我也盡我可能助他們一臂之力。

謝：口語化的風格以及善用隱喻是你獨特的地方。你從哪裡得到那些隱喻？如何得來的？

庫：我真希望我知道那些隱喻是從哪裡來的，因為如果我知道的話，我就能引用自如。現實裡，它們毫無預警地，不知不覺中出現。我就心生歡喜，把握難得的機會。

謝：你多年前開始的「情人節的詩」那一件方案後來發展得如何了？

庫：為情人節寫的詩絕大多數是有關快樂的。我很喜歡寫，寫了就寄出去。我因而交了很多朋友。

謝：你能談一談最滿意的幾首詩嗎？

庫：我比較喜歡概括地談談這問題，而不是點選特定的幾首。我最喜歡的詩，是那些完稿後似乎每一個字詞、分行和標點符號都適得其所的詩。每個用字都是最佳之選，每個節奏都是最恰當的節奏。要寫這樣完美的詩可真難呢。不過，我總是盡全力而為，每一次的修改是朝那目標走的一步。一首二十行的詩，我大概會改個四、五十次吧。有時候，我覺得已經竭盡了我所能，卻仍然不夠好而放棄。

謝：在這越來越走向電腦數據化的世界裡，請問你有什麼最重要的建議可以給那些讀詩或寫詩的人做參考嗎？尤其是年輕的詩人？

庫：我給剛起步的年輕詩人的建議不外是多讀詩。讀！讀！讀！一個人如果沒有讀很多詩是無法寫出感人的作品的。我對內布拉斯加大學的研究生們的要求是，要寫一首詩之前，就得先讀一百首別人的詩。

他在信上簽名的底下，用鋼筆以空靈的筆跡加了附註：「你也許聽到了『道奇詩歌節』暫時不再舉行的消息吧。這是股市下跌的意外傷害，多遺憾啊！」短短兩句感嘆的話，透露了他對詩的堅持。

詩歌與舞蹈並行
——訪問非裔詩人朵芙（Rita Dove）

目前在美國維吉尼亞大學擔任講座教授的麗塔·朵芙（Rita Dove）女士，早在1993年即連任了兩屆的美國桂冠詩人，創下那頭銜有史以來最年輕的記錄，也是第二位非裔美國桂冠詩人。她獲獎無數，包括普立茲詩歌獎、國家人文獎章和二十幾個榮譽博士學位。在桂冠詩人任內，她推廣詩的大眾化，到許多學校、醫院等處作詩朗讀。她也曾召集過許多作家，透過他們的立論觀點，探討非洲族裔被迫大遷徙成為奴隸的歷史。2000年開始，朵芙每星期為華盛頓郵報撰寫專欄「詩人的選擇」（Poet's Choice），寫了兩年。

朵芙從小接受古典音樂的訓練；她和德裔丈夫維依邦（一位小說家）都熱中於交際舞。所以，她對詩歌和舞蹈的領略體會相當敏銳。她自己也說過：「在非裔文化裡，舞蹈一直是重要的一個元素——一種帶有撫慰和團結作用的社區活動。……我成長過程中，總相信任何聚會都是跳舞的好藉口」。紐約時報作過如此的書評：「朵芙的舞蹈和她的詩含蓄地平行著：兩者都是在極限內完成的優雅的表現。」在她有名的詩作〈波蕾若〉（Bolero）裡，抒情意味濃厚：「不是拉佛明亮的風中漸強的音／是年高的／更殘酷的／／愛好：一個女人知道何時扭動臀部／毫不收斂／雖然疼痛／／她俯身，扭動，然後溫柔地起身／回到他／手臂裡／／……／／她愛慕他——他還以愛的神色／她感受那／注視與渴望／／隨著音樂舞動，隨著他舞動／兩人化成聚光／在硬木板上」。她的詩劇《地球比較黑的面孔》（*The Darker Face of the Earth*）曾經在美國首都甘奈迪表演藝術中心及英國倫敦上演。

朵芙總共出版了九本詩集，以及小說、戲劇與散文。她的文學耕耘最投入的，莫過於詩本身。她將非裔的背景與經驗納入國際文化更寬廣的視野中。她抒情味極濃，容易讓讀者接近的詩風格，反映出一種好奇的知性，對音樂與戲劇的高度熱愛，以及對社會正義和女性議題的敏感。她曾說：「我總是對那些平常很少被聽到的小人物的聲音感興趣。」她擅長以敘事兼抒情的手法將故事轉化成詩。一個明顯的例子就是，成功串連彙整了一本豐富的詩集《湯瑪斯與彼尤菈》（*Thomas and Beulah*），使她外祖父母看似平淡無奇的一生，不致於被大歷史的浪潮所掩沒。在那一本集子裡，成為故事轉捩點的一首詩叫作〈拂拭塵埃〉（Dusting）：「每天就像是荒野／見不到陰涼。彼尤菈／耐性地拂拭小飾物／……／／……／他叫什麼名字？／博覽會裡那傻傻的男孩／……／／他不叫麥可／比那個好的名字。每一粒塵埃／撫摸一口深呼吸／和開花的淡黃色。／搖曳的記憶：從舞會／回到家，正門／吹開，客廳／在下雪，她拿著／魚缸奔向爐子，眼看著／冰的項鍊小盒子／融化了，他／自由地游出來。／／那是父親／讓她取自己的名字／之前幾年的事／她名字的意思變成／樂土，而後，安寧的荒漠／之前幾年的事。／在陰影和／太陽的共謀者——樹／遠遠之前的事。／／（記起來了，）他的名字叫摩力斯」。朵芙同時也以毫不忌諱畏縮的眼光正視歷史及政治事件，寫下《與羅莎・帕克斯共乘巴士》（*On the Bus with Rosa Parks*）和《黑白混血奏鳴曲》（*Sonata Mulattica*）的詩集。

2011年9月，朵芙教授在百忙中慨然答應抽空作一場電郵專訪，以親切的語調，並用心回答我提出的一些有關個人生平和創作上的問題：

謝勳（以下簡稱謝）：妳熱愛舞蹈，我們就從這個話題開始吧。妳對於詩、歌和舞蹈之間的相互影響有什麼看法？

朵芙（以下簡稱朵）：希臘人瞭解，這三種藝術是緊密相連的。在主掌文藝的九個繆斯女神中，有三個跟詩有關：史詩、情詩以及輓詩；兩個跟歌有關：輓詩和讚美詩；一個和舞蹈有關：舞蹈。詩與歌同屬於輓歌的女神，而主司史詩和舞蹈的兩位女神都彈七弦豎琴。遺憾的是，在我們這個時代，那些女神的領域都被分割了。

謝：從舞蹈牽涉到的物理方面來說，尤其是節奏，它是否激發了妳寫詩？

朵：詩本身已經算是一種舞蹈了。當代語言的模式，或者莎士比亞的抑揚格五音步的低音音譜，都產生一種切分音，一種旋律底下的節奏。詩的表達一直受限於版面、呼吸，還有語言的結構本身，就如同舞蹈受限於身體的能力和地心引力。交際舞提醒了我，詩是有著物理成份存在的，例如，一行詩的長短會影響朗讀者呼吸的快慢。

謝：可否請妳用妳的詩作〈波蕾若〉（註：西班牙一種輕快的舞蹈）或者其他跟舞蹈有關的詩作例子，更具體地闡述妳的看法？

朵：在我那本詩集《美國摩登舞》（*American Smooth*）裡面，所有有關於舞蹈的詩作中，〈波蕾若〉或許最能模仿實際跳舞時的節奏以及物理方面的樣式。〈波蕾若〉的舞廳版本是由一長拍和兩短拍組成的。長的那一拍以跨步到旁邊來表現，緊接的是兩個小舞步。這是一種很慢而性感的舞蹈，因為那兩小步使得身體下沉，臀部扭動。我的詩模仿如此的節奏：每一段有長的一行，短的兩行。至於主題嘛，因為「波蕾若」是一種渴望的舞蹈，還有什麼其他美國音樂比藍調更能搭配的呢？

謝：1987年妳獲得普立茲詩歌獎，後來又當了兩任有史以來最年輕的美國桂冠詩人，另外還加上許多其他的榮譽。這麼年輕就嘗到成功的滋味，妳未來在詩與文學方面還有什麼具體的目標呢？

朵：普立茲獎和美國桂冠詩人的頭銜都來得令我驚訝，而還沒有時間想到未來。我向來只想沉湎於文學，傾全力寫好詩。那個目標從沒變過。從某種意義上說，我想，那些你所謂早來的成就，只是幸運吧，因為它們讓我看清楚了，那樣的標記在正確的人生宏觀裡終將顯得不重要。我要寫出我能力所及最好的詩。我要繼續對自己要求更高，嘗試別的文體，寫更多的小說和劇本。我真希望有更多的時間作那些試探。

謝：從2000到2002年間，妳為華盛頓郵報寫專欄「詩人的選擇」，每星期花心血完稿一篇。妳那時候的願景是什麼？動機又是什麼？

朵：我總是想起威廉斯（William Carlos Williams）在他那首詩〈水仙，那綠色的花〉（Asphodel, that greeny flower）裡所寫的「很難／從詩中讀到新聞／但每天總有人死得可憐兮兮／因為缺少了／詩裡可尋獲的東西」。我寫那專欄寫了兩年，就是為了致力於彌補那種缺憾。我做的不外乎是描繪一首詩，把它安置在世間的新聞裡（一篇書評也是一種報導），之後，我又急切地想寫下一篇的專欄。

謝：請問，多年來妳如何培養出對語言的愛好和才能？

朵：我總是喜好文字，在小時候，文字既是種感覺又是種聲音——也就是舌頭和心靈的一種音樂。音樂本身就是我另一個愛好。我收集那些聽起來如同意義一樣有趣的字——像ragamuffin（衣衫襤褸的流浪兒童）、mucilage（膠水）和prickly（多刺的）——取之於我們僅僅二十六個字母的所有不同型式的音樂！ragamuffin聽起來就是刺耳又齷齪的，如同行乞兒童那個樣子。我喜歡mucilage這個字在我嘴裡舌尖翻騰，prickly這個字刺激我舌頭的感覺。我注意看我父親書房裡架子上的書，想到緊夾在那些封面與封面之間的世界，就幾乎把我給陶醉了。我十歲那年，從書架上拿下那兩本厚厚的莎士比亞全集；沒有人阻止我，或告訴我說這東西是很難懂的。所以我就這樣讓自己迷失在馬克白劇中陰冷的城堡裡，以及羅密歐與茱麗葉劇中的花園和庭院裡。我從沒有失去那種驚奇連連的感覺。

謝：妳能談一談，寫那一本有名的，獲得普立茲獎的詩集《湯瑪斯與彼尤菈》的動機嗎？還有歷史方面的關聯？

朵：我十歲初的時候，外祖父過世。我父母認為我當時還小，不准約會。如果我周末能陪外祖母一陣子的話，會幫助她老人家度過悲痛。她和我度過了很快樂的時光。我陪她看電視上的馬車比賽，她陪我看美國音樂台的節目。星期六早晨，我們喝咖啡當早餐，然後約我阿姨一起去買菜。她聊起她的一生，以及外祖父還沒遇到她之前的一些故事。我怎麼也沒想到，外祖父居然是一個搭乘江輪逃離南部，還一路彈奏音樂的年輕小夥子。

好幾年後，一連串有六首以〈曼陀林〉（Mandolin）為題的詩發表在文學雜誌《俄亥俄評論》（*The Ohio Review*）。這些是第一批假想以我外祖父年輕時的角度所寫的詩。等到我寫〈拂拭塵埃〉那首詩開始，我外祖母也在詩中變成另一個主角，我才發覺，先前寫的系列詩已然變成一個浩大的寫作計畫的核心。老天，這些也許會變成一本書呢。想到整本書中，這兩位主角年老時我才瞭解他們，我就感到惶恐。幸好，那時候我已經深深進入他們的一生了。我只好加快腳步，寫完那一本說了兩遍的婚姻故事，從夫妻各自的角度來看。每個星期六，我也打了電話給我母親，談談她的童年。她問：「妳想知道什麼？」我回答說：「我也不知道，繼續談就是了。」現在回想起來，那些是我一生中最有報酬的交談。

我想把說故事的手法帶入詩的話語裡，因為敘事意味著雄偉，因為單一的抒情詩植根於個別的片段，無法表達出時間的伸展。但是，敘事詩卻又容易陷入單調的轉折性的措辭。我的解決方法，是把個別的抒情詩一首一首地串連起來，就像項鍊的珠子一樣，重建時間的鋪展性。就這樣，兩位長者的一生展露在許多精短卻深入的時刻裡；他們的故事，以時代精神的宏觀為背景，娓娓說來。個人的歷史，常常被大歷史推到路邊。然而，每一天我們每一個人，在小歷史之內，過著私下的生活，不也值得保存寶藏嗎？

謝：妳嘗試利用詩或文學，邀引大眾更瞭解非裔族群的經驗嗎？

朵：身為美國桂冠詩人的任內，我接到各種人的來信。信件之多，以及表示對詩的愛好都令我驚訝。不過，那些信常常是這樣起頭的：「我對詩瞭解不多，但是……」我開始明白，對詩的恐懼，或者認為詩是神祕的，只屬於精英份子的感覺，或者普通人無法瞭解詩的看法，正嚇壞了可能的詩讀者。大眾傳播預先加工的刺激氾濫後，一般人渴望不同方式的溝通。詩將我們最私密的希望和恐懼表現在語言裡，能使那些恐懼不再那麼可怕，那些夢想更能觸及。經由詩，我們體驗到共鳴，與跨越時間和空間的心靈溝通。如果一個讀者能讀懂杜斯妥也夫斯基的話，那麼，他（或她）沒有理由無法瞭解非裔美國人的經驗。恐懼是罪首。我無論到哪裡，總試著驅除那些障礙。我不會立刻解讀自己的詩，因為我認為那對聽眾是不禮貌的。我會顯示，在他們眼前的詩人也是一個活生生，用詳細而微妙的語言談論生活當中林林總總的普通人。如果他們能瞭解我，那麼，他們對詩的懼怕就會減輕。我也希望，他們對於我身為非裔的那一部份也能產生心靈相通的感覺。

謝：妳在寫詩方面有良師益友嗎？誰影響了妳的寫作？

朵：你所謂的良師，是以身作則，或者當我需要時催促我然後放手讓我做的那種人吧。很多良師為我的歷程注滿了活力。我父親在家裡儲存了很多書，愛讀書。我母親準備晚餐，切烤肉時，會背誦馬克白夫人的説辭：「在我眼前的，就是那一把匕首嗎？」我高中的英文老師帶我到一場作者簽名會，第一次見到一位活生生在呼吸的詩人齊亞第（John Ciardi）。還有，大學的寫作教授們、我丈夫（一位極擅於發現冗辭的德文小説家）、我小時候的大提琴老師、以及後來的古提琴、古典聲樂和交際舞的教師。他們為了美，而堅持的紀律成為我的箴言。

謝：通常妳的詩是從哪裡來的，又是如何構思的？

朵：那簡直是個無法回答的問題。我無法預知，一個念頭何時會開花成一首詩。那些構想可能來自任何時間地點——交際舞、煮飯、散步、長途車程、外國的海灘漫步，或者細讀大褶襉裙子的縫紉説明的時候。我女兒剛學走路時，喜歡唱的一首押韻而滑稽的兒歌，激發我寫了一連串的詩，到現在還在進行中。我上一本詩集《黑白混血奏鳴曲》是根據一個黑白混血的小提琴神童的真實故事。他在貝多芬「克羅采奏鳴曲」的首次演出中拉小提琴。我寫那本書的推動力，來自一部有關貝多芬的電影中很短的一幕。

謝：妳能談一談妳個人的寫詩過程嗎？

朵：我寫詩的方式，總是有一段長時間同時進行幾首詩的寫作，而且是片片斷斷地。然後，有些片斷忽然凝聚成詩。我可能從一行開始，而這一行我本能地覺得該屬於詩的中間部份；於是，我就把它寫在一頁的中央。其他行就如此聚集在那一行的周圍；或者，我會跳到起頭的部份，寫呀寫地，直到被困住為止。然後，我就從另一堆的片斷又開始，直到再次感覺困頓為止。就像這樣周而復始地進行著。這樣的過程就好比是在拼圖一般，給予足夠時間，幾天、幾星期、或者幾個月，可加工的詩稿於是脫穎而出，一首又一首地。每一篇詩稿和那些組成的片斷辭句就放在某一種顏色的檔案裡。檔案外頭不特別標以詩的題目，因為那可能會改變，也不寫上主題，因為那會限制想像。每個寫作天開始時，我就本能地選一種顏色的檔案，開始潤飾，有時這會持續好幾個月。這是很傷腦筋的過程，但對我來說，這是讓我培養出潛意識間連結的最好方法；雖然有時我的寫作會有好長時間停滯不前，可常常就在這種情況下，突然，幾天內，三、四首詩都完成了。

謝：換個話題。妳對現在數位科技如何影響詩的看法是怎樣？

朵：三十年前，我們很難想像，有種叫作智慧型手機會徹底改革我們交流溝通的方式。同樣，要估計今天及未來數位科技對於詩的影響仍然是很難的。語言變得越來越裁截簡短了。你有沒有注意到，電影裡面的對白越來越快？這意味著，我們生活的節奏感加快了，接收資訊的耐性也變得短暫了。更重要的是，所謂「社群媒體」（像臉書和部落格）正以令人驚愕的速度擴散。這使我們的私密感以及怎樣算是親密的看法正在改變中。我們把私人生活的細節，透過網際空間，傳達全世界，卻把我們不可或缺的慾望，像最深層的恐懼和最狂熱的希望，埋在網際空間非常忙碌的傳送活動底下。推特（Twitter）就是很好的例子。

謝：妳對「詩角力」（poetry slam）的看法如何？它前途的發展呢？

朵：詩越多越好。過去二、三十年來詩角力現象的興起令人興奮，因為它把年輕人帶進文字與感情的國度。不過，雖然詩比賽的觀念很久以前就有了，我對現在美國詩角力的環境卻有反對的地方。詩角力模仿職業運動的方式，籌組地區性隊伍，資助錦標賽，導致那些競賽中出現了兇猛的行為和過份組織管制的現象。這鼓勵參予者寫些能得到高分而非真正觸及心靈的詩。詩，為了時間和速度的控制，而犧牲太多。結果是，使用過多的語言以及一些特定而單薄的字眼（例如，為了計時或充滿刺激的押韻）。

讓我講得更白一點：許多傑出的詩人在世時很不受歡迎。而偉大的詩作，需要時間才能讓人深深感受到它全部的能量，激起我們潛在紛擾的情感。顯然，像這樣的一首詩在詩角力裡將嚴重受挫，因為在那種場合裡只有即刻的反應才算數。詩角力主要是一種表演；它追求觀眾，注重表現。它的成份是戲劇多於詩；它適合的場所是舞台，而不是書頁。

謝：什麼是讀詩寫詩最吸引人的方法？妳有任何建議嗎？

朵：用正常的聲音大聲朗讀，就像和你最好的朋友或自己談天一樣。然後，站起來，再讀一遍。嘗試不同音調：低聲、大聲、演講的音調或甚至喃喃自語。每一次的嘗試應當會顯示出同一首詩不同的面向。如此，你就能克服解讀一首詩的恐懼，同時，你對那首詩的音樂和語言會變得更熟悉，更融入了。

寫詩是一種私密的活動，卻渴望發表；最終，如果有人被那發自內心深處寫出來的詩吸引而有同感的話，那麼，那一首詩的命運就臻於完整了。所以，磨練語言的工具是很重要的；我們需要用它們去雕刻語言，才能確定詩人注入詩裡頭的東西，也正是讀者所吸取的。閱讀越多越好，跨越文體或文化；竭盡你所能，誠實地寫，不要心存假設。另外，一群朋友定期聚在一起分享彼此的寫作，會是有幫助的。剛開始幾次客套的聚會過後，討論將逐漸從表面的東西，轉向如何使寫作變得動人，作者的意思變得清楚。寫作技巧將成為討論焦點，而讓每個作家在私底下，享有追求私人主題和感情環境的自由。

謝：妳有什麼建議給剛出道的詩人？

朵：除了以上的建議外，加上這一點：可要記得，你和你的詩並非同一回事。寫了一首壞詩，並不表示你是壞人，或者你寫的是虛偽、不重要或乏味的；它只表示，你表達的方式（字眼、句法、意象和技巧）不恰當。當有人不了解你的詩的時候，不要生氣；你或許要回到原文，仔細思索，看看你是否引起了疑惑。如果你覺得需要修改，你就專注在琢磨語句上；一首更動人的詩就會脫穎而出。

謝：很感謝有機會與妳作一場難得的訪談。

朵：我喜歡回答你所提出的一些問題。我覺得它們很坦率，卻又頗有技巧地引出傳記性的概要，以及創作過程的一些細節。我期待看到這篇專欄文章的出版！

把詩留在舊金山（下）
——訪問「城市之光」創辦人及詩人弗林格堤（Lawrence Ferlinghetti）

美國詩人學會（Academy of American Poets）在2004年遴選出三十一個美國詩壇的地標，其中榜首是「柏克萊詩道」（Berkeley Poetry Walk；參見〈把詩留在舊金山（上）——柏克萊詩道〉），第二名則是位在舊金山市區的「城市之光」書店（City Lights Bookshop）。

愛書人一直把「城市之光」當作朝聖之地。它是由詩人勞倫斯・弗林格堤（Lawrence Ferlinghetti）與人合夥創立於1953年的，但不久後，他便獨自經營。店名是取自卓別林所主演的同名電影，用意是要以小人物的姿態與來勢洶洶，冷酷無情的主流勢力相抗衡。「城市之光」到今天仍然守護著異議發聲的權益，與主流文化對抗在所不惜。它出版並銷售一些具有前衛性的書籍和音樂商品。由於在1960年代，這間書店提供了「敲打世代」（Beat generation，亦稱「垮掉的一代」、「垮世代」）的作家和藝術家經常聚會的場所，一時傳為美談，一輛接一輛的觀光巴士甚至還把這家書店列為旅遊景點，相當風光。

這家在2001年被舊金山市政府列為史蹟的異類書店，坐落在舊金山中國城和義大利區的中間地帶。它現在專門出版或銷售世界文學（詩和小說）、藝術、歷史和政治方面的書以及期刊，包括許多由外文翻成英文的著作。書店的二樓闢有專供詩朗誦的空間，並陳列詩集和「敲打文學」的書籍，還有，當年「敲打世代」文學運動的紀念品。和其他一般書店最大的不同是店裡的標示：「請坐下來讀本書」。這鮮明地凸顯他們經營「城市之光」的理念與態度。雖然書店的盈餘不多，特別是在網路和大型連鎖書店的衝擊下，許多獨立書店相繼倒閉之際，「城市之光」卻依然持守著它原先創立時的那份理想。

「城市之光」的聲名遠播，是在1956年出版艾倫・金斯堡（Allen Ginsberg）的經典詩集《嚎叫》（*Howl*）的時候。當時，弗林格堤被控出版有傷風化的書籍。但結果，全美許多知名的作家、藝術家和教授聯名支持他。最後，法官判他無罪。這件事，大大改變了美國的詩壇和美國意識。

弗林格堤誕生於紐約，父親在他出生六個月前去世，母親則在他出生後進入精神病院。於是，他由阿姨扶養，一直住在法國。五歲的時候回到美國，他被一個有錢人家收養，才得以完成大學學業。後來，他又跑到巴黎進修，獲得博士學位。

弗林格堤集詩人、出版商、書商及反戰運動者多重角色於一身。雖已九十高齡，他身心卻仍然硬朗機敏，對文學的熱情和關心異議聲音的堅持依然不減當年。2009年5月27日，我和弗林格堤以電話的方式，進行了一個鐘頭左右的訪談，從「城市之光」談到他對詩的看法：

謝勳（以下簡稱謝）：首先要謝謝你接受這一次的訪問。

弗林格堤（以下簡稱弗）：你寫的專欄是在哪個詩刊發表？

謝：《秋水詩刊》。

弗：是在哪裡出版的？

謝：它在台灣出版，但流通到美國、中國及其他地區的華人讀者群。

弗：是印刷的刊物？還是在網路上的？

謝：是以印刷發行的。久仰你的大名了，很榮幸能訪問到你。我的第一個問題是，你為什麼創立了那一家獨特的「城市之光」書店？

弗：有何不可？

謝：你當年創業時的展望是怎麼個樣子？當時，你認為「城市之光」供應了哪些其他書店所無法滿足讀者的需求？

弗：我1950年來到舊金山時，老式的書店晚上不開，周末也關門。店裡沒有地方可以坐下來看書，而且沒有定期刊物、雜誌或報紙。通常你一進門，店員就盯著你，問你想要什麼。我們1953年新開張時，每天營業都超過半夜。第一位店長是村尾先生，是位日裔美國人。他喜歡下西洋棋，終夜不眠，開店開到深夜兩點。現在「城市之光」每天營業，開到午夜零時。一開始，我們就有很大的期刊部門，賣那些不容易在書報攤上找到的報紙和雜誌，從很左派的到很右派的都有。那個時代裡，書店是不賣那些東西的。或許你很難想像，因為現在每家書店都有那種書刊了。

謝：「城市之光」也是美國第一家只出版平裝本的出版商吧？

弗：我們是第一家全賣平裝本的書店。那時候市面上是有袖珍型平裝版的書，但都是大眾化的謀殺案推理小說、恐怖及黃色小說之類的平裝書，沒有高品質的平裝書，尤其沒有文學之類。在紐約大出版商開始出版平裝版之前，我們已經做了。繼我們之後，美國出版商「雙日」（Doubleday）出了「船錨叢書」（Anchor Books）的平裝書。還有，「諾普夫出版社」（Alfred A.

Knopf）也一樣。當然啦，我們究竟是一個小書店兼出版社，出書的數目比較少。另外一件事，從開店的時候，我們就試著使它成為一個社區中心。那是為什麼我們的店仍然能夠存在，而其他許多書店關門的原因。

謝：是啊，尤其是獨立經營的小書店。

弗：對。「城市之光」一直是個社區中心，早期我們有個廣告語：「從1953年以來的文學聚會場所」。那個廣告，可以說是「城市之光」的遠見。我們也試著讓書店看起來像是不賣咖啡的咖啡屋。當然，咖啡和書是不能混在一起的。

謝：是，我了解。

弗：我們在店裡放一些圓桌子和椅子，讓大家能坐下來看看書。所以說，我們的店有點像是咖啡店。

謝：「城市之光」我去過幾次。記得裡面有個「這像是個圖書館」之類的標語。

弗：沒錯，標牌上說：「這裡是賣書的另一類圖書館」。

謝：對啦。

弗：兩三個月前，我發出一道新聞簡訊，說它是「一個文學的居所」。

謝：對啦，是貼在「城市之光」的網站（*www.citylights.com*）上吧？

弗：是的。文學居所的想法是從卡特總統所號召的「人道居所」計畫來的。

謝：嗯，很酷的標語。當年你出版艾倫・金斯堡的詩集《嚎叫》時，你是否預料會受到全美及全世界的矚目和關注嗎？

弗：那確是我們當時的期望。

謝：這樣說，那是計畫中的一部分囉？

弗：我那時候認為，我們很可能會被搜捕。所以，在付印前，我把稿子拿到美國民權聯盟那裡讓他們看，也問了他們，如果我們因為出版那本詩集而被捕，他們會不會為我們辯護。民權聯盟答應了。所以，我們並非是貿然行事的。

謝：所以你們知道，搜查是很可能發生的。

弗：是的。

謝：你是否還直接參與「城市之光」的經營？

弗：沒有。二十五年來，我的事業夥伴南西・彼得斯管理「城市之光」，也是出版社的總編輯。但是她去年退休了。現在，那職位由依蓮・卡襯柏格代替。

謝：你曾經有過開第二家甚至第三家「城市之光」書店的念頭嗎？

弗：沒有。許多人找我們授權開連鎖店，可是書店並非可以擴充成連鎖店的行業。我們的書店有獨特的性格，是無法複製的。

謝：你說得真好。

弗：我才不要複製它呢。

謝：現在「城市之光」的主要方向是什麼？多年來它的方向改變過嗎？

弗：它擴大了一些。你該和依蓮談談這個主題。她這星期不在，但你可以用電子郵件問問她。

謝：再請問一個相關的問題。你認為，五十年後，「城市之光」會是個什麼樣子？

弗：我不知道它會變成什麼樣子。

謝：你真的沒有想過？

弗：我想，我們還會是個代表異議的書店，異議有別於佔優勢的文化。如果這世界變得不再有異議存在的需要的話，這將是多麼有趣。

謝：是啊，我知道你的意思。我讀過有關你的背景資料。你跑到法國拿博士學位。那樣的經驗如何影響了你的寫作和出版？

弗：我小時候住在法國，先學會説法文，再說英文的。歐洲的出版商一向都出版平裝書的。所以1950年我回到美國時，我就有出版平裝書的念頭。而且，許多歐洲的出版商是起家於書店的。一些德國、法國和義大利最大的出版商創立時就是個書店。

謝：順便一提，「城市之光」在台灣還算蠻有名的。

弗：你是從台灣來的嗎？

謝：是的，好久以前了。你是如何變成一個多年來的反戰者呢？

弗：我在美國海軍服役。原子彈丟到長崎之後的第六個星期，我被派到那裡。我看了慘狀之後，立刻變成一個和平主義者。

謝：那一定是件很震驚的事。

弗：是啊。

謝：你似乎一再挑戰藝術的定義。這話算是公正的吧？

弗：沒錯，但實際上我並不是一個革命性的藝術家，因為我的藝術還是很傳統的。我還是看著模特兒畫畫。只是，我的繪畫內容和訊息與眾不同而已。

謝：那麼這和你經營書店的理念，以及你寫的詩的類型是相符合的啦？

弗：對。順便一提，今年9月10日到10月10日，我在舊金山的義大利文化協會將有一個模特兒寫生的圖畫展。另外，明年春天，我在羅馬也將有一個大展。

謝：你那一本詩集《美國：上冊》（*Americus, Book I*）的簡介裡，編輯說你是美國詩壇的特異獨行者。你覺得那是公平的論斷嗎？

弗：有些誇張吧。

謝：那本書的內容有許多不一樣的東西。你想傳達的訊息是甚麼？

弗：那是一首長的史詩，描寫到甘迺迪總統被刺為止。下一本書《美國：中冊》談到美國西部。

謝：我怎麼沒看到那一本詩集？

弗：我還在寫呢，不知道什麼時候才會出版。最後一本《美國：下冊》會描寫舊金山。那裡是美國最後的邊疆。

謝：很有道理。我真希望能很快讀到那本詩集。你覺得你跟其他「敲打運動」（Beat movement）詩人的關係如何？

弗：我並不屬於「敲打運動」的詩人群。我和他們的關係是因為我出版了他們的作品。我成為艾倫・金斯堡幾近一生的出版商，編輯他所有出版過的書，除了他最後的一本書是由紐約的哈波・卡倫斯出版之外。「敲打運動」作家的書成為我們主要的暢銷書，但那些只是我們出版的一部份。我們也出版其他不屬於「敲打運動」的異議作者的書，像布考斯基以及劇作家謝柏。現在依蓮・卡襯柏格的出版清單上頭包括了許多來自墨西哥的前衛作家的書。

謝：不過，我想你跟「敲打運動」作家的關係不僅僅是出版商吧。你還讓他們借用「城市之光」作為他們聚會的場所，助長了「敲打運動」。對不對？

弗：沒錯。他們進進出出的，常出現在書店裡。金斯堡和葛雷格里・柯索（Gregory Corso）常到店裡來，而傑克・凱魯亞克（Jack Kerouac）就比較少來。

謝：回顧「敲打運動」，你認為他們如何影響了社會？你會把他們看作是一種革新的促進者嗎？

弗：當然囉。他們的影響就如同搖滾樂革新了音樂一樣。

謝：比喻得好。我想請問你，作為一個詩人，你認為該如何使更多的人喜歡詩？

弗：多寫些可解的詩吧。舉個例子，我剛接到一本舊金山當地出版的小雜誌，是由一批三十多個年輕的詩人創辦的。雜誌裡，充斥著自我的表現，而缺乏傳達感覺或想法。

謝：我了解。我想，寫一些容易溝通的詩，要比寫一些不容易了解的詩來得困難吧。

弗：是啊。

謝：你的詩集《心靈的科尼島》（*Coney Island of the Mind*）極受歡迎。你能否談一談，你是在什麼樣的背景下寫了那些詩？

弗：有些人時常要以實際的科尼島的形象來解讀我那些詩。我一直表示，書裡那些詩並非關於地理上的科尼島。那是一種心靈的狀態，把這世界比擬成科尼島而已。

謝：我想，我能明白。最後，我要謝謝你，佔用了你寶貴的時間。

遊走於科學與詩之間
——訪問諾貝爾化學獎得主及詩人霍夫曼（Roald Hoffmann）

霍夫曼不是一個普通的化學家。他44歲就拿到諾貝爾化學獎。同樣很不尋常的是，他已經出版了五本詩集，多半的詩都先發表在美國著名的詩刊上。除了寫詩，他也寫了兩部戲劇及散文。

1937年他出生於現在的波蘭，不久就開始一段坎坷的幼年，全家被納粹關入集中營。雖然他父親讓母子兩人成功地脫逃，事後自己卻因為另一個大逃亡的計畫失敗而被處刑。這些不幸，成為當時年僅五歲的霍夫曼一生的痛和缺憾，不斷出現在他的幾首詩裡。不過也因為逃難，歷經幾個歐洲國家，他通曉六國語言。到現在，他還是不斷地閱讀蘇俄及德國的文學作品。他們母子後來輾轉到了美國，母親改嫁，生活安頓下來，求學及教學的過程極為順利。

他可以說是現代英文詩人當中，把科學引進詩裡最多最用心的人。他這方面的詩自成一格。此外，他寫幼年的遭遇，常帶感傷；他寫面對大自然的省思，頗富哲學意味。2008年8月18日，筆者從加州飛到紐約州的康乃爾大學，訪問溫文爾雅，相當低調的霍夫曼教授，做了兩個半鐘頭的談話。當晚，我們繼續在餐桌上細談他的幾首詩。雖然前兩天才從模里西斯島帶著感冒，坐了20小時的飛機回美國，他仍然精神奕奕。一談到詩，他的眼睛就好像頓時發亮。

以下是訪談中，我們討論到詩的部份：

謝勳（以下簡稱謝）：你說過，「我寫詩，是為了觀察週遭的世界，並了解自己對外在環境的反應。」那麼，你想揭露的人生問題有哪些呢？寫詩的滿足感又是來自哪裡？

霍夫曼（以下簡稱霍）：像是如何對待親情或愛情的緣盡、如何面對已消逝的人事物，還有，了解那些讓自己感到失落和緊張的事情等等。而有的時候只是想要寫景抒情而已。

謝：在你的文學作品當中，你所想要表達的理性和科技世界是什麼樣子的？

霍：我想要使科學順乎人情，讓大家明白，科學家和一般人其實沒有兩樣。科學家很好奇，但也同樣富有熱情，也關心自己的作為是否合乎道德。

謝：可否談談在你不同的人生階段裡，對文學的興趣？

霍：開始是在大學裡。人文課的老師很棒，但科學方面就比較差。我直到四十歲左右才開始寫詩。至於寫散文，那就更晚了。

謝：你是如何記得小時候的種種細節，而把它們寫在詩裡頭？

霍：有時候，我因為自己的記憶不好而感到沮喪。因為對一個作家來說，那不是好的特性。有一位心理學家曾告訴我：「別過分擔心你的記憶了。當你寫作時，你會記起一些往事的。它們就隱藏在潛意識裡。」我把完成的詩讀給我母親聽。她說，事情經過就是那個樣子。所以，我認為，寫詩時想像細節，並無不可。曾經有好長一段時間，我無法寫出有關年幼時期的詩，因為那會給我帶來痛苦。（聲音顯得有點微弱）我從前無法為我父親的不幸而哭，但現在卻能痛哭一場。

謝：我蠻喜歡你那首〈帶走往事的金黃色盒子〉（The golden boxes of forgetting；全詩的中譯附在文後）。你能談一談嗎？

霍：那首詩以想像的情景開始，而以我五歲時被殺害的父親做結束。全詩分三段。第一段展現人如何用醒目的儀式來克服痛苦的記憶。突然間，第二段描寫夏威夷的火山風景。最後的部份，我的感情終於浮出檯面。

謝：你想表達的是什麼？

霍：我在想，對待痛苦的往事需要忘卻。我們都想這麼做，可是有時候真不容易呀。這首詩的意像新穎，談的是遺忘，具有感動力的潛能。即使有了寬恕的儀式，但個人的痛卻深到無法忘卻。

謝：也許就是那種矛盾使得這首詩更顯得有意思。

霍：沒錯。第二段的轉折，是有一次我在夏威夷火山區漫步時想到的，因為我發現岩漿地帶已經長出綠草了。

謝：第二段暗示我們，遺忘後就會有新希望。可是，最後一段又來個急轉彎，產生了意外的張力。

霍：對啊。那就是一個失去父親的小孩複雜的心情。

謝：你很辛勤地寫詩，發表詩作，還參加很多的詩歌競賽。難道是這些給了你在諾貝爾獎光環之外的新挑戰嗎？

霍：文字的神奇加上它們的意涵，從我大學時代一直到現在，始終給我很大的樂趣。簡單的字眼與繁複的含意都別具感動力。寫詩的確有心理治療的效果，但真正的詩是要和陌生人分享的。你希望別人讀你的詩。我寫，是為了溝通。詩有它的情感價值，不像科學總是在追求新的知識。我試著在了解某個程度上的哲學。我為自己開拓了一個涵蓋科學、詩和哲學的天地。最理想的狀況是，我試著不刻意去區分這三者。但在現實世界裡，我卻不得不有所區分。我不可能在科學刊物上發表詩作。但如果編輯願意讓我那麼做，我真的會做。那個天地可以是一個很有知性的世界。我喜歡那樣的世界，一個可以跨越不同文化，心與心溝通的世界。

謝：你是如何讓詩成為你終生的興趣？

霍：我在哥倫比亞大學時，從詩人范道倫（Mark Van Doren）教授那門課裡開始讀詩，持續到現在。在康乃爾大學我又遇到了一位傑出的自然哲學家兼詩人安蒙斯（A.R. Ammons）。那年代在大學裡，我們必修科當中有藝術史、比較文學和詩的閱讀。我很喜歡那些課。我的科學課程成績不錯，但是，文學卻為我打開了另一道門，讓我看到更寬廣的世界。就這樣，十九歲的我愛上了詩。

謝：范道倫是如何讓你為詩而感動的呢？

霍：在那個時代，大學裡是不教詩的創作的。他解讀詩篇，揭露隱藏在文字表面底下的深層意義。我當時只覺得，那是多麼美好的事啊！跟科學有很大的不同。在科學裡，一個字有多重意義並非好事。我並不是對科學的含意有所不滿，只是覺得因為有不同的意義而增加了詩的豐富性，為我開啓了感情意義的世界。這對我而言，是蠻重要的。

謝：詩的哪些方面最吸引你？為什麼？

霍：我喜歡詩的簡潔的表達方式，文字的音韻以及當兩個字結合起來時超過字面上的意義。我喜歡文字所引發的多重意義，而不是只有單一的意思。在英文詩裡，我喜歡短字的氣勢；長字通常顯得比較薄弱。

謝：你在康乃爾大學有一群常聚在一起的詩人朋友。那是個怎麼樣的經驗呢？

霍：我們這群朋友當中有兩位是以寫詩為職業的。我們一個星期聚一次，連續了好幾年。我們總是坐下來，喝杯咖啡，聽聽那位在康乃爾教書的大詩人安蒙斯談論。他總是只花幾分鐘就可以寫出一首詩，而其他的人卻需要很長的時間。我們每個人都要拿出一首詩來，彼此的評論算是溫和，而有鼓勵性。那是我第一次能持續不斷地面對評論，讓我收穫很多。

謝：你跟另一位有名的詩人庫敏（Maxine Kumin，參見〈我的心，我的手，都歸屬於泥土——訪問詩人庫敏〉）是怎麼認識的？

霍：我在1994年到麻省理工學院去上了她的詩創作的課。那是一個詩的講習班，也是我在那方面唯一上過的課。她對我很好。她的詩很獨特，幾乎都跟大自然有關係。

謝：你寫詩比較喜歡什麼樣的形式？

霍：我寫的都是自由體。在沒有特定的押韻的條件下，我試著把某些節奏放在詩裡。

謝：你寫詩是一氣呵成，還是多次完成呢？你如何知道一首詩已經完成了？

霍：當我感覺完成的時候吧。我通常會修改個十到二十次，除非偶而靈感來了。順利的話，一天可以完成。

一般來說，我修改得並不多。通常用手修改了四、五次後，我會輸入電腦並列印出來，因為我不習慣在電腦螢幕上作閱讀修改。再經過幾次的修修改改，到某個階段，雖然不算完成，可是，整首詩好像開始變得明朗了。我就等個一星期，回去再做些細微的修改，最後才宣佈大功告成。我就是照這樣的方法寫了三、四百首詩，雖然有的從沒發表過。

謝：你是否固定分配某些時間用來寫詩嗎？

霍：喔，沒有，這確是個問題。我通常是有什麼事找上門來，就做什麼，並沒有給予詩安排特定的或充足的時間。不過，每隔幾年，總會有那麼一次，我試著遠離工作的環境，跑到一個僻靜的地方，待上一個月左右。最好，那裡的自然景觀是很有趣的。我常會在詩篇當中利用自然景物作為轉折或過渡。我也認為，在大自然中，譬喻是俯拾皆是的。我讓自己沉浸在大自然裡，不管是海之濱或山之巔，靜心地仔細觀察周遭一切，把所見所聞記錄下來。如此，我的心境便比較敏感，有機會內省。

謝：一般來說，讀者對自然景物都覺得熟悉，便可以很快進入狀況。一旦他們的心安定下來，作者就可以引領他們到更繁複的意象裡去。

霍：確是如此。

謝：講到自然，風和火的意象出現在你好幾首詩裡。在中文詩壇裡，也有很多人喜歡用風的意象。有一位來自台灣的名詩人洛夫，就用過《因為風的緣故》作為他一本詩集的書名。那麼，風和火在你的詩裡有特別的象徵意義嗎？

霍：是的，兩者都象徵著變化。其中，火更是如此。此外，我也喜歡拿門作譬喻。這三者都象徵著從一種狀況變化到另一種狀況。風同時也代表威力，看不見卻很強大。大家通常不把空氣當一回事，直到親嚐了颶風的厲害。至於火和它所引起的變化就更明顯了。

謝：火的意象和你童年驚險的經歷有關嗎？

霍：是有間接關聯的。

謝：對你來說，科學有什麼樣的美或令人感動的地方，使你把它寫在詩裡頭？

霍：科學是譬喻的泉源，使得我們把人生的一部分連結到另一部分。它所提供的是領會。我想引進詩裡的並非全然是科學的美，而是對科學的領會。

謝：你認為，有哪些原因應該讓科學的字眼和概念出現在更多的詩中？

霍：在科學裡，有些譬喻本身就很富有詩意。譬如，我有一首詩叫做〈催化作用〉（Catalysis）。那是個富有詩意的科學用語，字的本身具有多重的含意。另外，我那首〈物體的不尋常狀態〉（An unusual state of matter）的詩裡，談到放射性原子隨著時間會把他們整個美麗的結構加以破壞。敵人就在裡面。還有，我那首〈自由邊界〉（Free boundaries）的詩是怎麼來的呢？有一次在別人的理論化學演講中聽到說：「要解一個方程式，先讓我們假設有個自由邊界」。我立刻把那名詞記下來。「自由邊界」，這名稱含有多少種可能的意義啊！他談的是個數學名詞，但是，既自由，又有邊界；這兩樣表面上相互矛盾的特質產生了張力。我覺得很有趣，就把它用在一首詩裡。

謝：當代詩和科學幾乎沒有關聯。在詩的歷史長河中，一直是如此嗎？

霍：並非如此。譬如，十八世紀有一個英國詩人波普（Alexander Pope）就寫過一些有關當時科學理念的詩。

謝：你如何把科學的概念和用語引進詩裡，而不至於讓一般讀者看不懂，或大大地影響了詩的流暢性？

霍：很溫和地把科學寫進去。你提到的問題是科學在詩裡面引起的問題之一。通常，你讀一首詩，是不必了解其中每一個字的。我想其他的語言應該也是如此吧。有時候，你會有一種我所謂「浮沉在字裡行間」的感覺。你讀懂了一部份，接著，碰到不懂的部份；再繼續讀下去，突然，你又明白了。

謝：你是說「浮沉在字裡行間」？

霍：是的，也就是說，從某一部分的領會到另一部份的領會。如果有太多地方弄不懂，讀者就放棄而不讀。問題是，我們在學校的時候，科學的課堂上，老師總是說，這是科學，你應該弄懂，不然你就是笨蛋。習慣如此後，每當讀者讀到詩裡面有關科學的字眼時，就非得去弄清楚不可。這是多麼可惜啊！當讀者讀到詩裡面作者的私密而不懂時，讀者還是會繼續往下讀。我真希望，讀者也能對含有科學字眼的詩抱持相似的態度。碰到有科學字眼的詩，多半的讀者覺得他們必須了解每個字的意思。其實大可不必如此。他們可以從科學字詞的音韻或者意象，去感受詩的美妙。

謝：你有一首談到科學的詩，題目叫做〈直覺〉（Intuition）。

請你朗讀，好嗎？

霍：好的。「紅髮女子說／玻璃／緊張兮兮／她不了解什麼是／紊亂的／氧化矽鏈／化學環，或／結構上的頓挫／她只不過／細細看了／那斷裂的／綠色／邊緣」。

謝：當你寫那些跟科學有關聯的詩的時候，你的心態有沒有特別不同？

霍：沒有吧。或許我會特別留意詩裡頭科學的部份是否正確，因為怕萬一我的同事或同行讀到我的詩。其實，我是不該擔心的。

謝：你認為，科技人寫詩的長處和短處有哪些？

霍：我想，短處就是科學強調事實，以致考慮太多的例外。但是，就如同我剛才所說，科學裡面有些譬喻是很有詩意的，這是科學人佔優勢的地方。

謝：請你談談未來出版一般性或文學性新書的計畫。

霍：我會不斷地寫作。大概又是發表另一本詩集的時候了。

謝：你手寫的字很優雅。結束訪談之前，可不可以請你用自來水筆為《秋水詩刊》寫一段你的詩？

霍：沒問題，這是我的榮幸。我知道，書法在中國文化中的特殊地位。我要寫的一段是來自一首最近才剛完成的詩，叫做〈次生林〉（Second growth），是關於紅木森林的詩。我藉紅木森林的存在，來描述人類與大自然和平共存，以及自然生態的轉變。那些樹一百多年前被砍伐倒下，可是，現在又長出來，成了一個新的公園。（霍夫曼寫完之後朗讀了一遍：「你我走的路／曾經與前人接觸／還有，那太平洋的霧／牛羊穿越道、野玫瑰／耕地、殘株／紅木、草原狼、詩人——／交叉的軌跡——不同的類群共享權益／迴避，覓食／永久共存，在藍色的地球裡」。）這是一種生態意識吧。

謝：謝謝你的時間。我的收穫很多。

霍：謝謝你從老遠飛來這裡。

附錄

帶走往事的金黃色盒子

＼霍夫曼

建一間大廳堂
為這儀式
我們進入
忘卻，把不幸的往事忘卻
每個人端著金黃色盒子
你我也如此
還有人帶了兩三個
裡頭裝有記憶的卷軸
用不同的語言書寫：
塞爾維亞、希伯來、亞美尼亞
土耳其、中國、胡圖族

克羅埃西亞、烏克蘭
我們已經準備了一年
每天寫呀寫……寫呀寫
直到心疲力竭
隔天再繼續
我們堆積
盒子，在廳堂中央
火啊，點燃
我們且坐著看
讓不幸燃燒到天明
整整六日，全世界
把裝滿傷痛的記憶盒燒成灰

夏威夷大島上
毛納基火山
岩漿的蹤跡
是褐色牌子的記憶：
一九九七，火山女神發威
仍然散發二氧化硫的氣味
一九九四年爆發
殘餘的熔渣
劃破我的鞋
而此時，花竟然開了
開在熔岩化身的沃土
才不過五十個寒暑的工夫

五十六年前，他們
殺害了你，父親！
五歲的我
不再能依偎，在你的懷抱裡
我該如何
如何裝填我那個
準備帶走往事的金黃色盒子？

以詩為己志

——訪問舊金山灣區詩人博爾（Jerry Ball）

過去「海外詩壇」專欄裡受訪的詩人，在全美的詩壇都有著相當高的知名度。其實，在每個地區也都有獨具風格且深具魅力與影響力的詩人。人文氣息濃厚的舊金山灣區就有這麼一位：已屆八十高齡，目前正與帕金森氏症對抗，隨時隨地以詩為己任的詩人博爾。在舊金山灣區，很多詩的愛好者都知道他，仰慕他。對我來說，他亦師亦友，我可以有機會從近距離對他作長期的觀察、讚賞與學習。

博爾的學士和碩士學位都跟數學有關。但是，他對周遭的事物，不同的文化從小就充滿了無止盡的好奇。文學藝術方面更是如此，且曾經受過十年的專業歌唱訓練。他一生投入教學，樂此不疲，教過數學、邏輯、宗教、哲學、歌劇和詩歌。他對外國文化總秉持著一種好奇、尊重和嘗試瞭解的心態，就如《鏡子之間的世界》（*World between Mirrors*）他那本詩集中的一首〈請妳告訴我——和一位印度錫克族女孩的對話〉（So you tell me： a conversation with a Sikh girl）那首詩裡所散發的人本精神：「這樣喔！妳的丈夫／由妳父母挑選，而不是妳／他們的決定妳說還可以……／／而我卻不解／閒談中語句在我們之間／飄動，一如飛越麥田的花粉／／我傾聽。我們以語詞／為心靈施肥調配／以神色除草，以手勢耕犁／／尤其以耐心播種／……／妳的言辭口音／妳的音調變化是我的收獲滿滿，而我最欣賞／／妳錫克的天真，純潔驕傲／而果斷猶如花粉／隨風飄揚／／我感覺神智上揚，就像麵包／剛添加了酵母和糖分而升高／妳如此單純率直地告訴我／／就如麥田裡／穗鬚在揮舞」。

對不同的主題，他運用不同的詩的形式來表達：傳統韻律詩（如十四行詩等）或自由詩。在第二本長詩詩集《再次省視》（*A Second Look*）裡，他寫了一首關於太空人登陸月球的十四行詩〈阿波羅的預言〉（Apollo's prophecy）：「阿波羅在那裡六次登陸／卸下一套又一套的器具／在石塊上，獻給月球照顧／它們是阿波羅的先驅／／無常的證言， 以無線電波／遠遠傳來月球的光束／這是兒時的夢，有人說／有人論科學有人談商務／／遺留下的盒子躺在那裡／面向著我們的天空，顯得異常／不久將消失在每個人的心眼裡／除了月亮的琥珀光／／對講究實用的人，這些是個謎／而對好做夢的人卻那麼清晰」。

博爾有一顆恆常的同理心和慈悲心。這從他讀詩的感應可以看出一般。美國知名女詩人歐茲（Sharon Olds）有一首名詩〈夏至，紐約市〉（Summer solstice, New York City），描寫一個要從大廈屋頂跳樓自殺的人，所引起的一場騷動。幾個警察就在那個人一隻腳懸空，另一隻腳貼在屋頂的時候，終於把他抓住，拖到安全的地方。讀者總以為緊接著，警察會狠狠揍他幾下，沒想到，一個警察在他身旁坐下，點燃一根香煙後，把它遞給了企圖自殺者。每當讀到這裡，博爾就感動得開始哽咽，無法讀下去，而由學生接著讀完。

博爾極為廣泛的興趣，很自然地反應在詩的主題上。他出版了一本全部都和棒球有關的俳句集《棒球季》（*Baseball Seasons*），由他兒子繪製插圖。依照棒球季節的進展，從冬季到春季訓練營直到開幕日，再從球季中一場接一場的比賽到淘汰賽和決賽，他以俳句勾勒出每一階段的精神和特性。例如「風化又磨損／上個棒球季的一顆球／遺忘在長草間」描寫棒球季外，球場的冷清；在春季訓練營裡，「他用口水沾濕食指／放在空中測探風速／打球的練習」；「開幕日／賣花生的小販／看來又年輕了」透露新季節到來的興奮；「三壞球，二出局／看台上每個人／呼喊著建議」和「第三局／啤酒愛好者排隊／在男廁所前」道出季節中棒球迷的切身體驗。「在球員棚裡／投出最後一球的／投手兀自坐著」和 「棒球季結束／長長的陰影投在／空曠的球場上」寫出人去球場空，曲終人散的一股淡淡憂傷。

他隨身攜帶一本小筆記簿，隨時隨地以詩紀錄所見所思所感，五、六十年下來，已經累積了好幾百本。他對寫作的熱愛高過於集結成冊的意願，只出版了兩本詩集和七本英文俳句集。他推動英語俳句尤其不遺餘力，貢獻心力在俳句協會和發起國際性與全國性的俳句會議。2012年秋天，在加州瀕海的俄西洛馬會議中心舉行的環太平洋諸國俳句會議的主題「隨著微風飄浮」就是出自他的構想。

他雖然不懂中文，但是對中國詩詞也頗感興趣。他一直認為，日本俳句是受中國詩詞的啟發而形成的。他想找出直接的證據，但礙於不諳中文而始終仍然只是一個心願。博爾信奉佛教，很容易感受俳句中隱約的禪意。他出版了一本俳句集《八正道俳句作品集》（*Pieces of Eight-Haiku Offerings Along the Eight-Fold Path*）。所謂八正道是，正見、正思惟、正語、正業、正命、正精進、正念和正定。透過四季的循環，那本詩集中的俳句闡訴了佛教八正道與人生的聯想。引人冥思的俳句比比皆是：「冬日花園中／銀行經理漫步於／石塊之間」、「收費公路上／兩旁稻田的鏡子／映出了過往」、「戶外餐廳旁／人行道上水氣蒸發／在四月陽光裡」、「夏日的薄暮／蒼鷺穿戴著潔白／在斜照裡」、「凋謝的玫瑰／拿著剪刀的手指／冒出血滴」。

筆者與博爾有過兩次很隨性的對談，都是在美國加州核桃溪市，一家博爾時常光顧的咖啡屋裡完成的：2013年2月26日和4月2日——

謝勳（以下簡稱謝）：傑瑞，我第一個問題是：你如此深刻地沉浸在詩歌的世界裡。詩，如何成為你生活中不可或缺的一部分呢？

博爾（以下簡稱博）：不斷實踐，永遠為詩騰出時間吧。有一位佛學詩人作家叫作孔費爾（Jack Kornfield）。當他談到靈性時，那不只是宗教信仰。他會問：「你靈性的實踐是什麼？」詩，對我來說，是一種靈性的實踐以及其他的事物。

謝：你如何開始對詩感興趣的？

博：我第一次對詩感覺興趣是聽了一張吉爾柏（W.S. Gilbert）和蘇利文（Arthur Sullivan）的老唱片之後的事。我學了裡面的字詞，再背誦給朋友聽，大家都覺得很有趣，我因而受到鼓舞。所以說，是幽默的思想和幽默的詩引起我的興趣的。接著，我開始喜歡瑟偉斯（Robert W. Service）的詩，因為他寫的是關於加拿大尤康地區的詩。這些是我小學三到六年級時候的事了。

謝：你是如何進入英語俳句的領域？

博：1975年我在拉斯波西塔斯學院教詩歌的課。班上有一位叫萊瑟的女學生到聖荷西一個團體叫「有季定型俳句協會」（Yuki Teikei Haiku Society）聽英語俳句朗讀。後來她邀我去聽。德富清是那群人的俳句老師。他激勵了我，從此我便開始不斷地寫英語俳句。

謝：有這麼一本書的書名叫作《俳句心靈》（*The Haiku Mind*）。

博：作者是竇訥根（Patricia Donegan）？

謝：是的。真的有所謂「俳句心靈」嗎？

博：我想是有的。它支持你的靈性的實踐。如果你不斷寫俳句，你就能培養出「俳句心靈」。俳句心靈是一種可能，就像音樂心靈或芭蕾心靈一樣。俳句是一種實踐，所以，就有心靈和它結合在一起。

謝：那麼，俳句心靈是寫俳句的先決條件嗎？

博：透過實踐，你一點一滴地培養那種心靈。有時候，你不確定自己在做什麼，但一再的實踐後，俳句心靈就發展出來了。

謝：你寫英語詩，也以英文寫俳句。就寫作的過程來說，你對待這兩種不同的文體有什麼差異嗎？

博：嗯，因為形式的關係，我寫英語俳句時，上衣口袋裡總放著一本小筆記本。我可以很快地創作俳句。英文詩嘛，像十四行詩或自由詩都比較長，需要更多的時間完稿。雖然我也會修改俳句，但我花在修飾英文詩的時間更長。有時候，新的靈感來了，整首詩的方向隨著改變。俳句的寫作有時的確如此。

謝：你曾經教數學、哲學和宗教研究，教了許多年。那些學科如何影響了你寫詩？

博：影響到寫詩的每一方面。它們增進我的詞彙，引導我發現不同的觀點；我就能從數學的觀點或人道的觀點來寫詩。長遠來說，它們殊途同歸，就像印度人說的，所有的宗教實際上只有一種。

謝：你真的寫過和數學有關的詩嗎？

博：我寫過和數學推論有關的詩。推論的形式是一種精神上的。

謝：那麼，當你教數學，或者寫些有關數學的東西時，你必須把左腦開得比右腦多一些嗎？

博：數學有一種美感是許多人沒看出來的。數學對大部分人來說只是一些技巧。實際上它不只是技巧，它是一種精神，一種宇宙的精神，宇宙的語言。我極為喜愛，因為它引領我到不同的世界。

謝：讓我們換個話題。如果有人問你，詩有什麼實用價值的話，你會怎麼回答？

博：感覺好些。透過詩，你可進入你的內心。有時候，你可因此而避免做些愚蠢的事情。詩的一個美好的特質是使你的心靈開放給美好的事物。

謝：詩的核心或本質又是什麼呢？

博：音樂性。《普林斯頓詩學百科全書》（*Princeton Encyclopedia of Poetics*）將西方詩歌分成三種：抒情的、戲劇性的和敘述的。這些都是闡述我們生活的方式。所以說，詩是一種觀想我們生活的法門。

謝：你涉獵過中國詩歌嗎？

博：我不懂中文，但我讀了一些中文詩歌的英譯。因為俳句的關係，我瞭解一點中國詩歌。我認為，日本的詩歌源自中國詩歌。之後，日本人再發展出自己的一套。

謝：你是如何對佛教產生興趣的？

博：我十七歲的時候生了一場大病，差點就死掉。我得了肺炎，身受強烈的盤尼西林的副作用。不久，我喜歡上佛教的特性，不喜歡基督教告訴我如何思考。通常，佛教徒不會告訴你遵循一定的方式思考。佛教的八正道，對我來說，是很合理的一條路。

謝：說到佛教。你出了一本詩集，叫作《八正道的俳句作品集》（*Pieces of Eight-Haiku Offerings Along the Eight-Fold Path*）。那主要是給年輕讀者看的嗎？

博：不一定。這裡的「年輕讀者」指的是比喻。這本書是給新的讀者的。

謝：傑瑞，你教詩有好多年了。就最好的讀詩方法來說，你有什麼建議嗎？

博：用靈活的，感興趣的心態吧。如果你對一首詩感興趣，就徹底地一讀再讀它。試著以不同的方式讀：大聲朗讀，或者靜靜地讀。不同的詩適合不同的閱讀方式與風格。同時，盡可能多瞭解詩的作者，看看詩本身是否屬於某種形式，像十四行詩啦。瞭解詩人的歷史背景，以及詩人的特色。所以，單單關於詩的閱讀就可以有一系列的課。

謝：那麼，你對於寫詩的建議又是什麼呢？

博：寫你喜愛或關心，又熟悉的主題。你寫給誰或者為誰而寫？你也許是為了你父母親，或敬仰或討厭的人而寫的。

謝：你在大學和研究所學的是數學和哲學，但你對詩和音樂的喜好卻是如此地深入又廣泛。你如何有意識地游走於這兩種似乎截然不同的世界之間呢？我的意思是，科學與文藝之間。

博：我不會去想這樣的問題，只懂得做就對了，也從沒想做別的事。教數學，或教詩，對我來說，都是娛樂。我喜歡我所做的事。當我教詩的時候，我遇見的都是對詩有興趣的人，他們在班上創作詩。多美好啊。我在這方面花很多時間。

謝：你每天寫詩嗎？從念頭的形成到投稿，能否談談你通常寫作的過程？

博：我總共寫了大約四五百首長詩。當年我寫英文長詩寫得最多時，幾乎每天都寫。現在，我也幾乎每天都寫英語俳句。我口袋裡隨時都會帶著一本小筆記簿。

謝：你每天寫詩的時間都固定嗎？

博：我任何時候都可以寫。

謝：你廣泛地收集很多有關詩的書和光碟。你能描述一下收集的範圍以及你最喜愛的部分嗎？

博：我的確有特別喜歡的詩人。例如，我很喜歡佛洛斯特（Robert Frost）。我也喜歡奧麗佛（Mary Oliver；參見〈與自然對話——記奧麗佛詩朗誦之夜〉）、歐文（Wilfred Owen）、十九世紀的英國詩人、以及日本詩人像與謝蕪村等俳句詩人。雖然我對中國詩歌的歷史背景不很瞭解，但我也喜歡英譯的中國古典詩歌。我收集詩歌的光碟和錄音帶，大約囊括了八百多首詩歌，尤其是很古典的詩歌。在那些朗誦詩的詩人當中，英國詩人湯姆斯（Dylan Thomas）是一位極佳的朗讀者。

謝：我想，你讓人印象最深刻的地方之一，是你對詩的熱忱和全力的投入，還有，你想與人分享的願望。那種似乎會傳染給別人的熱忱是從哪裡來的？

博：我不知道耶。這是天生的吧，有點像吃巧克力，吃了幾口後，你就開始喜歡上。有部分是來自別人的影響，也有部分是天生的吧。我讀了或聽了一首詩，感覺喜歡，就被它激勵了。

謝：你記憶之好簡直是令人無法相信。要訣是什麼呢？

博：我也不知道。我現在發覺，我的記憶正在流失中。記憶有部分是天生的，有部分是靠練習的。你不斷練習記住東西，記憶是可以訓練的。

謝：你常常背誦詩嗎？即使是一個人的時候？

博：是啊，我開車時總是唱些歌劇。我從前開車到聖荷西州立大學教夜課時，習慣在車裡邊聽錄音，邊朗誦詩。所以，音樂和錄音跟我的記憶大有關係。

謝：你獻身於詩的教學，也很熱衷於召集各種俳句的會議和社團。你能談談關於這些活動背後的動機嗎？

博：我覺得，這些事情，做就對了。我有某些能力，其中之一便是召集詩會。我召集過很多詩會，而且沉浸於那些會議中。我也相信，美好的事發生在那些會議裡。我的直覺是，做那些事是對的。

謝：很感謝你的分享和時間。

博：這是我很樂意做的事。

拒絕從不公平轉移視線
——訪問非裔詩人吉歐瓦尼（Nikki Giovanni）

吉歐瓦尼於1943年出生在美國南部的田納西州。她的詩總是強烈表達非裔的尊嚴、參與民權運動的經驗和對家庭觀念的重視。她深以「非裔美國人、女兒、母親及英語教授」的多重身分為榮。1960年代後期，吉歐瓦尼就已經知名於美國文壇。多年來，她在文學、雜誌和民權等方面獲得了許多獎項，以及二十多個榮譽博士學位，同時，還陸續出版了十七本詩集，和十幾本散文及兒童文學圖書，並曾編輯過數本暢銷的詩選。她的詩風格平易，很受大眾的歡迎；根據美國詩人學會（Academy of American Poets）網站的統計，當前的美國詩壇中，她個人的名聲僅次於幽默詩人比利・柯林斯（Billy Collins；參見〈揭開詩的迷霧——幽默詩人柯林斯〉）。

吉歐瓦尼早期的詩深受民權、黑人權力運動及其他非裔詩人的影響，有時甚且頗具爭議性。1960到1970年間，她與其他非裔藝術家創立了黑人藝術運動（Black Arts Movement），希望透過政治意識濃厚的藝術創作，來探究非裔美國人的文化和歷史經驗。曾經被稱為「黑人詩歌的公主」，吉歐瓦尼到處演講朗誦詩，極力反對種族仇恨。她早期寫的〈妮琦－羅莎〉（Nikki-Rosa）廣為各種詩選收錄：「兒時的記憶總是無聊／如果你是黑人的話／你總記得住在烏朗時／屋裡沒有廁所／如果你變得有名或像樣／他們從不提起你曾有多快樂／……／雖然你窮，但窮困

／不是你擔心的事／……／我真的希望沒有白人／會為我寫傳記／因為他們從不瞭解／黑人的愛是黑人的財富／他們也許憑空談我艱苦的童年／而從未瞭解到／其實我一直都很快樂」。她有一首記念民權領袖金恩博士的詩〈金恩的葬禮〉（The funeral of Martin Luther King, Jr.）：「他的墓碑寫著／終於自由了，終於自由了／可死亡是奴隸的自由／我們要尋求的是自由者的自由／建立一個金恩能活著的世界／讓他宣揚非暴力的理想」。吉歐瓦尼在1970年成立一個出版合作社，來幫助出版並宣傳非裔作家的著作。曾膺選為美國桂冠詩人的已故非裔女詩人布魯克斯（Gwendolyn Brooks），就曾經因此受益。

近年來，吉歐瓦尼一改過去出名的激進銳利，鋒頭強健的風格，而變得柔和、懷舊，觸及愛和記憶。最新的詩集就叫作《腳踏車：情詩》（*Bicycles: Love Poems*）。她用腳踏車當作愛情的隱喻，闡述愛情是波濤起伏般的生活的解毒劑。那本書的主題詩〈腳踏車〉（Bicycles）的首尾是這樣開展和進行的：「子夜的詩是腳踏車／帶我們前往／比噴射機安全的旅程／比步行／輕快的旅程／但比不上／被單底下／以我的背觸碰你的／旅程來得美好／……／我走向／一首子夜／詩／叫作／你／讓我憑依／避風／避險」。她和母親間濃郁的情感，洋溢在〈母親們〉（Mothers）那首詩裡：「……我的確一直站在門邊／記得當時在想：好美的一個女人／／她從容不迫地等待／也許等父親回家／從他的夜班，或者等候一個夢／承諾到來的夢／她說『靠近來，我教妳／一首詩：我看見月亮／月亮看見我／神保佑月亮／神保佑我』／我也教兒子這首詩／他再朗誦給母親聽／因為我們必須學會／接納樂趣／就像承受痛苦一般」。

吉歐瓦尼曾經在幾個大學任教過，在維吉尼亞理工大學

（Virginia Tech）已經教了24年，目前擔任英語系特座教授。2007年該校發生大屠殺慘案後，她受命在追思會結束時，吟誦一首為那場合而作的詩〈我們是「維吉尼亞理工」人〉（We are Virginia Tech）：「……大家都知道，我們沒做什麼卻凶耗臨頭／而非洲瀕臨死亡的愛滋病兒童，也沒做什麼／游走於夜裡，逃避無賴的軍隊追捕的隱蔽兒童，沒做什麼／眼看著牠的家族因為象牙而受害的小象，也沒做什麼／到處尋找乾淨的水的墨西哥小孩，他也沒做什麼／……／沒有人應該受悲劇之痛／我們『維吉尼亞理工』人啊／……／我們感受到想像與可能／我們將繼續創造未來／以血以淚／超越哀傷／……／我們終將獲勝／我們終將獲勝／『維吉尼亞理工』人啊」。結束時全場的人都感動而起立，包括布希總統在內，掌聲雷動，不斷高喊著：「加油！加油！」。

她的詩觀，從那首〈詩〉（Poetry）中可以感覺出來：「詩是純粹的能量／水平地裝在／詩人的心／與讀者的耳之間／如果它沒有吟唱，扔掉耳朵／因為詩是歌／如果它沒有使人喜愛／就丟棄心吧，詩是喜悅的／如果它沒有給你見識／就把腦袋關機／因為腦死是無法注意到不停的信息：／生命是寶貴的／／我們詩人／裹在孤獨裡／試著如是說」。她寫詩的態度流露在〈我的謬斯〉（My muse）的字裡行間：「我是我的／謬斯／／我使自己愉悅／以我寫下的／飽含智慧與風趣的／文字／／我教自己／許多／深刻瞭解／人類靈魂的／洞察力／對弱者疲勞者的／憐憫／對自我滿足者的／藐視／／我想／這世界該多美妙／如果／人們／願意聽聽／我說的／／我看著滿月／海灣／來吧／來吧／靠近我／我們一起探索／一個新世界」。

2011年深秋，吉歐瓦尼在她快速回覆我的信裡，用一句溫馨的話作起頭：「我母親在你隔壁鎮上住了十多年，所以我對那一帶很熟，也很喜歡。」以下是我們以通信訪談的記錄：

謝勳（以下簡稱謝）：妳曾經是一位民權運動的活躍份子。妳是如何超越內心的憤怒，把它轉化成詩靈感的來源？

吉歐瓦尼（以下簡稱吉）：我相信，任何改革的目的都是充滿著愛的。詹姆斯・伯溫（James Baldwin）說過，身為美國黑人無法不充滿著激怒，但我認為他誇張了。挫折是有的，也有因為不平等而引發的憤怒；不過，並沒有那種胡亂的，厭惡他人或不尊敬別人的憤怒。我個人既沒有憤怒，也沒有怨恨。我只不過拒絕把視線從不公平的地方轉移他處。

謝：妳內心認為，什麼才是健康地面對種族和其他歧視的方式？

吉：對我來說，健康面對任何事情的唯一方法是誠實以對。那將產生或進入其他的情緒，像悲傷、憤怒、挫折等。但是，為了讓你自己保持明智，你必須誠實看待，對自己說，這是不對的，或者甚至說，我們應該比這樣子還好。

謝：1960年代末期，妳和其他藝術家成立了黑人藝術運動。妳那時候個人的願景是什麼？

吉：我的願景是，一個社會對內和對外都溝通良好。就如我剛說過的，我想到的字詞是誠實。如果你誠實地表達你的憂慮，折衷的解決辦法應該會產生的，幫助我們向上提升。

謝：妳的詩集《腳踏車》有個副標題「情詩」。那是一本有關信任與平衡的集子。妳能否詳細說明一下？

吉：腳踏車基本上就是信任和平衡這兩件事。有時候你會跌倒；即使是個成人，即使是個職業選手也會跌倒。愛情也是如此。你試著維持平衡，相信當你做到了，事情就圓滿。許多年前，我寫過一首詩，就叫〈平衡〉（Balances）。我現在的想法還是如此。

謝：妳如何從一個年輕的改革者轉變為熱中於愛，多樣的愛的詩人呢？

吉：改革者永遠從愛出發。我們愛人們，愛個人，愛正義；我們當然喜愛變革。永遠都跟愛相關連。沒有愛就談不上是變革或革命，充其量只不過是一種狂熱的崇拜，而終將被消滅的。

謝：雖然歷經一些個人傷痛（像母親及姊姊都死於癌症）以及人生大逆轉（自己也因肺癌而失去一個肺），妳在許多本書裡，卻仍然傳遞「活著真好」的訊息。妳如何不斷地保持樂觀的精神？詩提供了妳支撐的力量嗎？

吉：天呀，就如喜劇電視《傻子派爾》的主角說的：「我們所做的事當中，還有什麼比活著更好嗎？」好偉大的信念喔……。生命，我高度推崇。

謝：2007年維吉尼亞理工大學發生了槍殺大慘案。在體育館舉行的追思會上，妳面對一大群哀悼者朗誦了一首詩。那一定是感覺複雜的一次經驗吧？當時，妳如何尋找那些撫慰人心的話，在儀式結束時朗誦的那首詩裡？

吉：飛行員給了我們很多啓示。平常日子裡，他們總是起飛降落起飛降落。突然，暴風雨或者其他險惡的情況發生了，像飛鳥被吸進噴射引擎裡，他們被迫必須降落在一條河的上面。飛行員形容說，多半日子裡，他們的工作就像在開巴士，停好車這樣的例行公事一般。但今天有點麻煩。詩，也是如此。在那悲慟的時刻，學校要我有所表示；我很感恩能夠開好巴士，把車停好。其實，我也可能把車給衝撞了。幸好我沒有。

謝：有一次，美國公共電視著名主持人莫耶斯（Bill Moyers）訪問妳的時候，妳說，身為藝術家，妳總是在尋找安全的地方。哪裡可以找到這樣的地方呢？

吉：我還沒找到那種地方，也許永遠找不到。但是，我仍然會繼續找。

謝：妳能列舉幾位曾經啓發過妳的作家的名字嗎？尤其是在寫詩方面。

吉：我喜愛非裔詩人布魯克斯（Gwendolyn Brooks）和休斯（Langston Hughes）的詩。我想，我算是休斯在文學上的孫女，因為我們都秉持他的信念，為非裔社區發聲。

謝：妳那首詩〈我的繆斯〉是否充分表達了妳對於詩的自信與清楚的看法？

吉：的確是如此。

謝：妳能談一談，妳詩作的構思通常是如何來的？又如何完成初稿，以及修改的過程？

吉：就像所有作家、畫家、演員或其他藝術家一樣，我總是在找題材靈感。你必須多用心。然後，當時機到了，你就會覺得工具都齊了，讓你靈活使用。

謝：妳是一位如此活力十足而多產的詩人。妳是如何讓自己充滿效率的？

吉：我總是在問自己：「為什麼不做？」

謝：妳對詩角力（poetry slam）的看法如何？

吉：我很喜歡詩角力。我最近有機會接受體育節目電視網（ESPN）的邀請，到佛羅里達州的奧蘭多市，參加傳統黑人學院和大學的美式足球明星賽。我就問ESPN：為什麼撲克牌遊戲不是體育，卻出現在他們的節目裡，而詩角力可說是一種體育，竟然沒出現。既然電視上有水上芭蕾的節目，那麼，我們什麼時候才能把詩角力放在霹靂舞的節目裡？藝術上有天份的年輕人，也應該像有運動天份的年輕人一樣，享有表現的機會。

謝：妳有什麼簡短的邀請，要送給大衆？有什麼建議給年輕詩人的？

吉：詩人必須了解，就像歌劇和芭蕾舞一樣，詩不可能是每個人的喜好。別讓任何人為你的藝術作出一種錯誤的比較，使你覺得你是失敗的。實際上並不是如此的。至於給年輕作家的建議，總是一句話：「多寫。」世間不公平的事情很多，你應該盡力而為，不要管別人如何。在藝術的領域裡，嫉妒是無濟於事的。就努力追求卓越吧。

游於藝
——訪問華裔詩人非馬（William Marr）

長年居住美國，寫中文現代詩的華裔作家還算不少。可是，同時又能以英文寫詩，並活躍於當地詩壇的卻屬鳳毛麟角。知名度跨越台灣、中國大陸、香港及其他華文地區的詩人非馬，正是這樣一位代表性的人物。

非馬本名馬為義，大學畢業後，1961年從台灣前往美國留學，取英文名 William Marr。獲得核工博士後，他進入美國阿岡國家研究所從事能源研究多年，現已退休，專心寫作繪畫及雕塑。1960年代，非馬開始寫中文現代詩。留學美國後，他翻譯了一千多首英美及其他國家的詩作，並在偶然的機緣下，開始參與美國當地詩壇的活動，曾任美國伊利諾州詩人協會會長，也是芝加哥詩人俱樂部的會員。此外，他也受邀成為多個中文詩刊及寫作協會的同仁或顧問，並曾獲「伊利諾州詩賽獎」及「吳濁流文學新詩獎」等榮銜。

非馬一共出版了16本個人詩集，包括兩本英文詩集。他的文字精簡，清新易讀，從現實的基礎上讓詩意郁郁昇華。他擅用短句，有些詩甚且只有寥寥數行，像〈霧〉一詩只有四行：「摘掉眼鏡／赤裸／看／／世界」。他的詩節奏明快，表達含蓄，時而夾帶著幽默，就像〈領帶〉那首詩所說的：「在鏡前／精心為自己／打一個／牢牢的圈套／乖乖／讓文明多毛的手／牽著脖子走」。

他認為，好詩的條件之一是給予讀者一種衝擊，一種令人驚訝的思維或結局，例如在以下訪談中，他為那首有名的〈鳥籠〉所作的註解。雖然他沒有特定的社會意識，對時事卻常常有感而發。在〈電視〉一詩裡，他免不了批判戰爭的殘酷：「一個手指頭／輕輕便能關掉的／世界／／卻關不掉／／逐漸暗淡的螢光幕上／一粒仇恨的火種／驟然引發熊熊的戰火／燒過中東／燒過越南／燒過每一張焦灼的臉」。

2011年3月初非馬先生欣然答應筆者，為秋水詩刊作一次訪談。經過電子郵件好幾次的往返，他很精闢而中肯地表述了他的詩觀中的種種面向，以及寫詩創作的心路歷程：

謝勳（以下簡稱謝）：你來到美國後，什麼時候又是在什麼情況下，開始參與當地的詩人聚會及朗讀？有什麼特別讓你難忘的記憶或小插曲嗎？

非馬（以下簡稱馬）：開始幾年忙於學業及工作，又要成家養孩子，沒多少空餘的時間去接觸詩。後來生活比較安定了下來，剛好白萩找我替《笠詩刊》譯介美國當代詩，譯著譯著自己也寫起詩來，但都是些中文詩。後來為了好玩，把自己的幾首詩翻譯成英文，有幾首還被選入一些有動聽書名如《現代詩年鑑》、《傑出當代詩選》、《最佳當代詩選》之類的美國詩選集，但後來想，寫詩最好還是用母語，便專心用中文寫詩，也沒想到要去同當地的詩人打交道，只有一次在伊利諾州藝術局贊助下做了個雙語詩朗誦的節目。直到1990年代初期，我在工作的阿岡國家研究所的所內通訊上讀到一篇報導，介紹一位業餘寫詩的物理學家同事。在科技掛帥、文藝風氣極端稀薄的研究所發現我道不孤，不免驚喜，興奮地給他撥了個電話。

原來他的辦公室就在隔壁大樓。他也興奮地要我帶幾首詩過去給他看看，彼此談得很愉快融洽。他希望我能參加伊利諾州詩人協會（Illinois State Poetry Society）和他主持的一個詩人工作坊。伊利諾州詩人協會隸屬於美國州際詩人協會聯盟（National Federation of State Poetry Societies），每兩個月開一次會，主要是討論會員提出的作品。也經常組織會員到醫院、老人院及學校去做朗誦活動。參加不到幾個月，我便被選為該協會任期兩年（1993-1995）的會長。選舉那天我剛好有事沒去參加會議，是那位物理學家同事事後告訴我的。在他的鼓勵慫恿下接受了這個任命。這事我猜同上次會議時，那位年輕氣盛不把別的詩人放在眼裡的協會秘書的發言有關。在我朗讀了我的作品後，他頭一個站起來（一般我們都是坐著發言）說：「你們看看，非馬短短的一首詩，勝過你們一兩頁的長篇大論！」說得大家面面相覷，我也有點不好意思起來。就這樣，我開始積極參與當地的詩人活動，直到今天。

謝：又是什麼因緣促成了你那兩本英文詩集*Autumn Window*（《秋窗》）和*Between Heaven and Earth*（《在天地之間》）的寫作和出版？

馬：不久我又被接納入有悠久歷史及相當聲望的「芝加哥詩人俱樂部」（Poets Club of Chicago），成為唯一的非白人成員。為了應付這兩個機構及詩工作坊的作品討論，我陸續把自己的一些詩譯成英文，漸漸地積聚了相當的份量。在美國，詩集的出版也同其它地方一樣困難，我也沒這個野心與打算。倒是一位搞化學的美國同事，讀到了我的詩，說很喜歡，特別是那首〈鳥籠〉，使他想起了留在立陶宛故鄉的父親的處境，極力鼓動我自費出版。他甚至願意幫助負擔部份費用。我當然不會要他出錢，但不免有點心動。剛好那位物理學家同事開了個小出版社，發行他自己及朋友的書，便借用他的出版社名義，自己在電腦上排版，用自己的一幅畫做封面，找了個印刷廠，便是1995年底出版的這本*Autumn Window*（《秋窗》）。出版後不久美國大報之一的《芝加哥論壇報》（*Chicago Tribune*）用了文藝版頭版兩大頁的篇幅評介報導這本書，轟動一時，我也到處去朗誦簽名售書，算是相當成功。但次年這本書再版後我便不再有那份衝勁去推銷，而把更多的時間花在繪畫與雕塑上面。直到去年一位美國詩友由一家POD（Print on Demand，隨需印刷）的出版社出版了一本相當美觀的詩集，一時心動，便把近幾年來所寫的詩整理了一下，再加上從*Autumn Window*裡挑出的一些自己比較喜歡的詩，便成為我的第二本英文詩集*Between Heaven and Earth*，由同一家POD出版社在去年底出版。

謝：大部份中文讀者對那兩本書可能還不太熟悉。你能大概描述那些詩的內容，以及寫作的背景嗎？

馬：*Autumn Window*分五輯：（一）瀑布——收〈鳥籠〉、〈共傘〉、〈蒲公英〉等含有哲思的詩26首；（二）馬年——收〈醉漢〉、〈長城〉、〈夜笛〉等鄉愁詩11首；（三）在風城——收〈芝加哥之冬〉、〈在窗口看雪〉等同芝加哥有關的詩15首；（四）對話——收

〈非洲小孩〉、〈電視〉、〈國殤日〉等與世界或戰爭有關的詩27首；（五）四季——收〈雨季〉、〈秋窗〉、〈颱風季〉等同季節或氣候有關的詩13首。

*Between Heaven and Earth*只分兩輯：（一）選自《秋窗》——45首；（二）《秋窗》以後——98首。略有不同的是，《秋窗》裡的詩都是從中文詩翻譯過來的，而這輯裡則有一部分是先有英文詩。

謝：當你寫英文詩的時候，你的筆觸和思考方式，與寫中文詩的時候有什麼不同？

馬：記得在台北工專唸書的時候，教英文的楊景邁教授常詼諧地用「屁股後面吃飯」來形容英文同中文在文法上的區別。其實不只文法上如此，文化與風俗習慣的相異也往往會導致不同的思考方式。因此我在寫雙語詩的時候通常不是一對一的翻譯，而是一種再創作。

謝：那麼，取材方面會有不一樣的考量嗎？

馬：不同的文化環境通常會使人對某些事物產生不同的反應。剛到美國的人常會對一些美國幽默覺得莫名其妙，而一些使本國人驚心動魄的東西，在外國人的眼裡卻稀鬆平常不足為奇。但任何事物，只要深入它的內部，總可以找到一些東西，能同時感動許多不同種族、不同信仰、不同文化、不同歷史、不同年齡、不同性別或不同職業的人。作家的任務，便是挖掘出事物的本質以及廣義的人性，並想辦法把它們完美地表達出來。這樣完成的作品，不管它使用的是哪一種語言文字，我相信它必能通過翻譯的關卡，以不同的面貌呈現在不同的讀者面前，而仍不失其感染力。這是我寫詩取材時常有的考量。

謝：我發現，不論是你的英文詩或中文詩，兩者幾乎都以短短的幾個字來分行。為什麼？

馬：這方面可能是受到意象派詩人如前驅者克蘭（Stephen Crane，1871-1900）、威廉斯（William Carlo Williams，1883-1963）、阿丁頓（Richard Aldington，1892-1962）、克雷普西（Adelaide Crapsey，生卒年不詳），特別是康明思（E.E. Cummings，1894-1962）等的影響。但更重要的，我的分行通常是基於下面這三個考量：（1）內在節奏的需要；（2）突顯要強調的字眼；（3）造成詩意的歧意或多解。舉我的〈鳥籠〉詩為例：

打開
鳥籠的
門
讓鳥飛

走

把自由
還給
鳥
籠

讓「走」字前後空行，便是想製造一種海闊天空的自由感覺。而分置最後兩行的「鳥籠」，以及〈裸奔〉

一詩的末節：

可沒想到
會引起
傷風
化以及
諸如此類的
嚴重問題

把「傷風化」分行，都有造成岐意或多解的企圖，並達到驚訝震撼的目的。

謝：轉個話題。身為一位工程師，你認為理工的訓練和背景對於寫詩會有怎樣的幫助和障礙呢？

馬：我不認為理工的訓練和背景對於寫詩會造成任何障礙。相反地，理工的訓練給了我觀察事物領悟宇宙生命的知識與智慧，而科技工作為我提供了溫飽，使我能安心寫作。

常有人問我，怎麼能夠同時兼顧科技研究及文學工作。他們大概以為這兩個領域是彼此衝突、互不相容的。其實我發現，它們不但不衝突，反而有互補的作用。科技的訓練使我的詩比較簡潔精煉也比較客觀，不致太濫情；而因為寫詩的關係，我在工作上對問題的考慮也比較多方面，不至於鑽牛角尖。每當我在一個領域裡碰到困難或感到失望疲困的時候，我便到另一個領域裡去歇歇腳喘喘氣，休養整補一番，再重新出發。更重要的是，因為覺得有後路可退，心理壓力不會太大，做起事來反而會較輕鬆更有效率，不至於斤斤計較患得患失。這種心態對搞藝術創作或寫作的人來説，尤其顯得重要。

謝：你嘗試過以科技事物為題材入詩嗎？

馬：幾年前一位住在美國東部從未謀面的科學家沈致遠先生在北京的《詩刊》上開闢了一個「科學詩園地」，來信邀我寫科學詩，我便湊熱鬧寫了一些。〈超光速〉、〈天有二日或更多〉、〈光子的獨歌〉等，便是其中的幾首。但它們的主要成分仍是詩，而非科學。

謝：你的詩作文字清新，內容深入淺出。那是什麼樣的寫作態度和習慣結成的果呢？

馬：這同我的詩觀有關。我一向認為，用表面上淺顯簡單的文字與形式來表達深刻雋永的內容，是對詩人的一個很好也是很有趣的挑戰。我不相信，新的現代詩語言，非艱深晦澀或分崩離析不可。一個有創意的詩人，必可從日常生活中提煉出人人能懂、卻也能使每個人都有所得有所感的時代語言。

謝：請問，你如何在含蓄與晦澀之間作拿捏？

馬：我常盡可能在詩中加入幽默。但我發現幽默的分寸很難把握，一不小心，往往成了插科打諢的打油詩，得不償失。同樣地，我發現含蓄與晦澀，知性與感性，它們之間的關係也很微妙。如何找到平衡點，牽涉到詩人的認知與修養。除了多讀多寫多思考多試驗外，似乎沒有其它的捷徑。

謝：你的許多詩作都帶有著對社會現象批判的精神。你如何於下筆時在說故事和說教的微妙分際上行走呢？

馬：一般人喜歡聽故事而不喜歡聽説教，是因為故事生動有趣而説教枯燥無聊；故事能激盪心靈而説教只能在門外徘徊不得其門而入。一首無法感動自己的詩，一定也無法感動別人，進不了讀者的心。所以我盡力試著説好故事而避免説教。當然啦，敝帚自珍是人之常情，我便曾見過一位詩友被自己一首平凡無奇的詩感動得涕泗縱橫。多讀多寫多思考多試驗，我想仍是提高自己眼力與境界的好辦法。

謝：像〈領帶〉那首詩，你的詩往往從現實生活起筆，再透過虛實的交錯，使讀者進入空靈的思考境界。請問，你如何讓虛與實找到恰當的結合而產生美感的？

馬：有時候虛比實還要來得真實。這是因為實一般只看到外表，虛卻能深入到事物的內裡，找出其真正的意義。讓虛實在詩中交錯互動，一方面同現實生活息息相關，另一方面卻不黏滯，更不虛無。這樣讀者既不會覺得太平淡無趣，也不會找不到欣賞的入口。這樣的詩常能引發聯想與思考探索，讓讀者共享到創作之樂。《非馬詩創造》（中國文聯出版社，北京，2001）一書的作者、大陸作家劉強曾寫過一篇題為〈出實入虛，大實大虛——非馬詩的現代藝術〉的文章探討虛實的問題。他説：「我在較長時間的現代漢詩研究中發現，它八十多年的發展，分為兩條線：一實一虛。實線趨向『傳統』，虛線則趨向『現代』。……非馬的詩創造不是孤立的現象，它代表現代漢詩的這條虛線在海外的發展……非馬跳脱『物觀』，昇華而為『虛觀』，眼界大大開闊了。他進入了一種高層次的自由之境：宇宙自由。……傳統的現實主義詩歌，講究『切近』，主要是一個『實』字。實則顯露，淺是難免的，有限。『實』之病是難以調動讀者，喚起興味。從非馬的詩創造看，詩有了『隱藏』，才能跳脱『實』，出『虛』，抵達『無限』。……為了出『有限』入『無限』，造『大化』之境，非馬極力避免實露，力求做出一些『遠距離』設計，於『實』中求『虛』，『現』中求『隱』。……讀者喜歡非馬詩的『未完成美』，希望自己走進詩中，參與詩人的創造。從『虛』和『實』關係看，『未完成美』也是詩人有意留下的空白，也是一種『虛』。……」

謝：談到美感，能不能請你扼要地總結你所遵循的詩的美學？

馬：一首好詩，是一首演出的詩。詩人只提供一座舞台，一個場景，讓讀者的想像隨著詩中的人物及事件去發展，去飛翔。它可能是生活中的一個片段，一個人物剪影，一段對話或一個心靈風景的素描。不說理，不自以為是地作闡釋或下結論。讀者可根據各自不同的經驗與當時的心情，去獲得不同的感受。這樣的詩是活的詩，不斷生長的詩，歷久常新百讀不厭的詩。

謝：說得絕妙。另一個問題，你如何覓得適切的隱喻，來完成一首詩？

馬：站在不同的地方從各種不同的角度，多觀察，多思索，多修改。

謝：你的詩常有令人意想不到的結尾或逆向思考，像〈鳥籠〉一詩。當你開始寫一首詩的時候，那些結尾通常是成竹在胸的意象之一呢？還是寫到最後時的「豁然開朗」？

馬：豁然開朗的例子比較多。初稿一般詩意不濃，在反覆修改的過程中詩意逐漸凝聚而終於豁然開朗了起來，一首詩於焉完成。近來我常寫雙語詩，反覆互譯便成了我的修改過程。當然也有一開始便有成竹在胸的意象，通常是在清晨欲醒未醒的時辰自動浮現。其實也不是憑空而來，而是在心中醞釀多時的結果。

謝：有意思。我下一個問題是：人道關懷是引導你寫作的準則嗎？那多半是有意識的，還是下意識的？

馬：我很少寫意識先行的詩。我很同意一位美國評論家的話：「當詩人為了心中的某個題目而寫作，詩很可能成為意見的工具而非探索的方式。」我通常是看到或聽到某些事物有了感觸，進而引發寫作的動機。人道關懷是潛存在我性格裡的東西，在詩中浮現多半是下意識的作用吧。

謝：讓我們談談你寫詩的歷程。古今中外，有哪些詩人，對你在詩的寫作方面有較深的影響？

馬：到目前為止，我大約翻譯了一千多首外國詩，其中大部分是英美及歐洲詩人的作品，還有拉丁美洲的。艾略特（T.S. Eliot）、波特萊爾（Charles Baudelaire）和龐德（Ezra Pound），都是我心儀的詩人。我很喜歡艾略特的作品，在我心目中，他的作品詩味最濃。他的一些關於傳統以及對詩的看法，也深得我心。1965-66年間，我曾譯了他幾首詩，在《現代文學》上發表。他們三個人都對現代詩做出了獨特而重要的貢獻。

狄更森（Emily Dickinson）、佛洛斯特（Robert Frost）、桑德堡（Carl Sandburg）、威廉斯、康明思，意象派詩人如阿丁頓、克雷普西、克蘭及不久前去世的克里利（Robert Creeley）等、以及垮掉的一代（Beat generation）詩人如弗林格堤（Lawrence Ferlinghetti，參見〈把詩留在舊金山（下）——訪問「城市之光」創辦人及詩人弗林格堤〉）與柯索（Gregory Corso）等，都是我喜愛的美國詩人。其中以威廉斯給我的影響較大。桑德堡對社會的關懷以及對平民老百姓的熱愛也深深地影響了我。

我在《笠詩刊》上翻譯介紹的其它國家的詩人當中，希臘詩人卡法非（C.P. Kavafy）、土耳其詩人喜克曼（Nazim Hekmet）以及法國超現實詩人裴外（Jacques Prevért）等的作品最為突出，給我的影響也較大。我聽說台灣也有不少人受到這些譯詩的影響。兩三年前台北有劇場演出由裴外的詩導出的舞台劇，我還接到一位讀者來信問甚麼地方能買到我那本譯詩集呢。詩人瘂弦不久前在電話裡告訴我他在一個舊書攤上意外買到這本書，非常珍愛呢。

中國古代詩人當中，杜甫、李白、陶淵明、李商隱、李賀、楊萬里等都是我喜愛的詩人。多年前廣州詩友沈仁康送我一本他編選的袖珍《山水風物絕句》，我把它放在車上，一有機會便拿出來翻讀，興趣盎然百讀不厭。

謝：寫詩有五十多年，你如何讓你的觸角經常保持新鮮敏銳，詩思源源不絕呢？

馬：對我來說，詩即生活，生活即詩，只要活水潺潺在我心頭流動，對生活及身邊的事物以及人類宇宙不失去好奇與興趣，那麼經常保持新鮮敏銳的觸角，讓詩思源源不絕，應該不是太大的難事。

謝：退休後，你花了很多心力從事繪畫和雕塑。可否談談這兩種藝術形式和詩的美學有哪些相通和不同的地方嗎？

馬：詩同畫之間最大的不同，我想是它們的現實性。詩所使用的媒介是我們日常生活裡的語言。語言有它的約定俗成的意義。所以我覺得詩，甚至文學，不能離開現實太遠。如果我在詩裡使用「吃飯」這兩個字，即使它們有比吃飯更深一層的意義，仍應該多多少少同吃飯有關。否則讀者會摸不到頭腦，不知道你在說什麼。繪畫不同，它所使用的媒介是線條及顏色。我在畫布上塗一塊紅色，它可能代表一朵花，可能是太陽下山時的晚霞，也可能是一個小孩興奮的臉，更可能是戀愛中情人火熱的感情。所以我覺得繪畫不妨比詩更超現實，更抽象。懂得欣賞現代藝術的人不會盯著一幅畫去問它像什麼？正如我們不會去問一朵花一棵樹或一片風景有什麼意義。只要它們給我們一種美的感受，就夠了。而我發現雕塑的隨意性及自發性更強，更能滿足我的創作慾。當語言文字在一些感情面前吞吞吐吐甚至保持緘默，繪畫及雕塑便為我提供了一個很好的表達方式及途徑。

謝：謝謝你這麼清楚的解釋。最後請問：你如何支配時間？你在文學藝術上都有相當亮眼的成績。那似乎只有高效率的人才做得到的事。

馬：上班的時候我集中精力做我的研究工作，到了晚上及週末，除非臨時需要趕工，我都儘量把時間用來讀書寫作。

多年前我曾到美國黃石公園遊玩，對那些搖動山岳的瀑布印象特別深刻，回來後寫了好幾首瀑布詩，下面是其中的一首，也許可拿來為我累積的一點小成績做個註腳：「吼聲／撼天震地／林間的小澗不會聽不到／山巔的積雪不會聽不到／但它們並沒有／因此亂了／腳步／／你可以看到／潺潺的涓流／悠然地／向著指定的地點集合／你可以聽到／融雪脫胎換骨的聲音／永遠是那麼／一點一滴／不徐不疾」。

詩，是一種無邊界的生活方式
——訪問墨裔詩人耶雷拉（Juan Felipe Herrera）

耶雷拉（Juan Felipe Herrera）的詩，情感濃烈深沉，很容易觸發讀者的各種感官功能。詩的內容往往訴說著生命生活中的經歷和體驗，包括幼時的點點滴滴。當中參雜著歡笑、幽默、家庭、愛怨與憤怒，隱隱企盼一個更公平合理更有人道的世界。他在《為什麼墨西哥人不能越過邊界的187個理由》（*187 Reasons Mexicanos Can't Cross the Border*）那本詩集的序言中以這句話作結束：「我開始並沒有打算作為一名詩人。因為受到壓抑，我才開始成為一個發言者。」他的詩總在有意和無意間，期許讓這世界改變得更美好。他不斷嘗試各種文體的混合，英文和西班牙文並列。這本詩集就是以照片、歷史文件和年表等穿插於詩文之間。有詩人形容耶雷拉是一位永恆的敲打運動（Beat movement）詩人。其實這多少是有根據的，因為他自己曾經表示過，敲打運動詩人對他頗有影響。

有人認為，耶雷拉很像詩人金斯堡（Allen Ginsberg），頗具獨創性，也富於想像力。他還具有敢於向現行社會體制挑戰的特性。他作詩善長首句重覆法。《為什麼墨西哥人不能越過邊界的187個理由》那本詩集是如此展開的：「因為主播達普斯又錯用了假設語氣／因為我們的手提箱是用可分解的龍舌蘭纖維做的／因為我們仍然像墨西哥婦人瑪淋茄／因為繁殖是我們喜愛的運動……」而結尾是這樣子的：「因為你無法把一千兩百萬的流動工人裝在一部灰狗巴士／因為我們可以從每個行業罷工出走／因為我們有顆唱著墨西哥鄉土音樂的心，跳著波爾卡舞的腳」。

就如美籍墨裔散文家史達文（Ilan Stavans）說的：「過去三十年來的墨裔文壇上，有一個名字不斷地出現，那就是耶雷拉。」耶雷拉的才華展現在許多領域上：詩、散文、小說、童書、戲劇、漫畫等。他得過的獎項無數，目前是加州大學河濱分校創作系的講座教授。對他來說，詩是他生活的重心。在他那首詩〈讓我告訴你一首詩帶給你什麼〉（Let me tell you what a poem brings）裡，他這麼說：「在你繼續談下去之前／讓我告訴你，一首詩帶給你什麼／首先，你應該知道秘密，根本／就無詩可言。那是達到一種無邊界的生活方式／是的，就那麼簡單，想像我告訴你／詩，並非每天忙著避開剃刀，我說的是／判決，滴答的青銅製品，估量你的／皮夾克，或者空洞的服裝商場／從外頭看你以為是種娛樂／可當你進去，情況變了，你驚訝／嘴巴發酸乾渴，兩條腿／站在暴風雨中而發冷。詩，當然／是永遠開門營業的，不過就如你所知／它並非拖你靈魂下水的／那種商業。那裡你可以洗浴遊戲／你甚至可以加入說長道短——一種霧靄／變成關乎你存在的那種霧靄」。

1960年代後期，耶雷拉深深投入墨裔民權運動，並對於土著文化產生極度興趣，曾帶隊步行進入墨西哥印第安部落研究，不論是在雨林或山區。他質疑戰爭的必要性，在〈戰爭窺探者〉（War voyeurs）裡闡述他的感覺：「我不了解為什麼人製造戰爭／／可因為火砲是肉體／能轉化的最自制的例子？／可因為戰爭計劃是最有智慧的獵人／所繪製的最後地圖？／可因為中子射線是無敵的手指／無人願意違抗？／／或者／／因為血流是工人沒有在規定時間裡／奉獻而必須付出的適當懺悔？／／我不了解為什麼人製造戰爭」。

耶雷拉也寫了很多抒情的散文詩。〈請聽我說，親愛的——我是那張紙〉（Oyeme, Mamita - I am that paper）那一首有這樣的鋪陳：「我是那張紙，我成為那些字，墨水在每個細胞燃燒柴堆。當我往外看那些樹，看托爾堤拉公寓長又蜿蜒的道路射向山丘，把巴士的電軌切斷於高樓、雙蜂、濃霧與天邊的迷濛，我見到妳的標誌，我讀到妳的聲音。是的，我看見，我聽見。／親愛的，請聽我說，親愛的——妳既然進入了深處，夜的寂靜發光而墜落的一面。請聽我說」。

耶雷拉多年來，對中國文化和文學頗感興趣，不斷一點一滴地吸收。他把最近出版的得獎詩集《半個世界被光照著》（*Half of the World in Light - New and Selected Poems*）最後一章命名為「五種要素」（Five elements），試著將他的一些新作與中國金木水火土五行的古老思想相連結。

經由美國詩人李立揚（Li-Young Lee，參見〈淡淡的愁思與孤獨——訪問華裔詩人李立揚〉）的推薦，我聯絡上耶雷拉先生。耶雷拉的熱情溢於言表，立刻答應接受訪問。他參予的活動繁多，所以我們決定以書信方式進行。我們經過十幾回合的電郵往返，擴大了原來的訪談計畫的範圍。以下是訪談的總結：

謝勳（以下簡稱謝）：你父母親是流動工人。那麼，你童年的經驗如何有助於塑造你在文藝上的追求？

耶雷拉（以下簡稱耶）：我父親菲利培是個勞工，來自八口之家。1910年墨西哥革命之前，他隨著父母來到美國。我母親露姹是個歌手兼農場工人，也是來自大家庭，1918年從墨西哥城移居到奇瓦瓦州的；過了一年多，全家又搬到美國德州耶爾巴索市。從某個角度來看，我父母親代表兩個不同世界，以巨變和創意結合。在我成長的童年時期，我們在加州和新墨西哥州的農田之間遷移，他們所說的每一個字，還有每一個故事都成為我的想像樣板——文字藝術、社會公平以及生活的簡約。透過給年輕人看的寫作與音樂劇，我希望頌讚那些在太陽底下辛苦工作，卻從未被社會大眾注目甚至提及的人。最近，我把這些經驗寫下來，試著涵蓋寫作中的每一個人；如果可能，就像古代中國西晉時期的大文豪陸機，談到文學的樂趣時所說的那樣：「課虛無以責有」，一種讓人驚豔且崇高的目標。寫作、生活和人類，是多麼美好的事啊。

謝：你長期住過加州的夫勒斯諾市（Fresno），也曾經說過：「夫勒斯諾對拉丁裔兒童文學作家來說，就像巴黎對偉大作家海明威（Ernest Hemingway）及費茲傑羅（Scott Fitzgerald）一樣。」請你仔細談一談好嗎？

耶：真希望我能清楚地解釋，什麼因素把藝術家聚在一個地方，同時激發他們創新。夫勒斯諾深入加州內陸，是農產的首都，從某種程度上說，有類似河面起起落落的移民和流動勞工的社區——苦役、資源缺乏、邊界巡邏；但是，也有泉湧不斷，跨越語言、文化和社區的無限可能。詩人、童書作者，墨西哥裔、拉丁語裔及許多其他族群作家從這地區崛起。我有很多來自夫勒斯諾的作家朋友，像蒙托亞（Jose Montoya）、叟透（Gary Soto）、馬丁內斯（Victor Martinesz）、羅博絲（Margarita Robles）、賀南德絲・透華（Inez

Hernandez Tova）、蒙塔亞（Andres Montoya）、美國桂冠詩人萊文（Philip Levine）、巴克理（Chris Buckley）、俄德牧（Leonard Adame）、噶西雅（Diana Garcia）等人。當今來自夫勒斯諾的寮國族裔新一代作家正在高分貝發聲。能想像到嗎？

謝：你許多首詩描寫墨西哥裔生活和學校時光裡生動的細節。你想要傳達的訊息是什麼？

耶：有三樣：我要把我的經驗說出來，讓我的寫作感動剛學會閱讀的幼童與西班牙語和英語的大眾，以文字鼓勵他們去面對自己、家庭和歷史。你也知道，最近有幾本墨西哥裔和拉丁裔作家的文學作品在亞歷桑那州變成禁書。在美國，絕大多數的學校裡，我們的作品很少被提及，除非是在有流動工人教育計劃的地區。當然有些例外，許多老師和學校行政人員盡其所能；但是，我們面對的是費力的奮鬥。當我寫出一本童書或青少年小說，出版商和編輯的興趣也是一種障礙。不過，詩本身總會為自己找出一條回到故鄉的路。我寫作，因為實驗、探索、毫無受限的爆發力和驚奇而歡欣。太多訊息要傳達會使作品凝重而無趣。三個訊息剛剛好：欣然接受別人和自己、尊敬你的家人和祖先、以及放情於大自然。

謝：1960及1970年代，你沉浸於墨西哥裔運動。那樣的參與如何影響了你詩作的內容與形式？

耶：那場運動是一個非常不可預測的時刻，也是一個影響深遠的夢的搖籃。它是美好的。1970年代正是為墨西哥裔的民權、政治與文化利益而奮力爭取的學生運動巔峰時期，大家都在談論要求恢復我們的文化歷史和習慣。與其讀些稀罕的書，我決定以電影、攝影和紀錄片的方式來探索奇亞巴州的拉肯東叢林、非拉克魯斯海岸和山區以及墨西哥納亞理地區文化的存續。這些是瑪雅、托透納克和惠溝三大土著社區的地方，人們依然過著他們獨特的生活方式。有的瀕臨絕種，有的處於殘存狀態，而惠溝在文化上雖仍然富有活力，卻被迫搬到山裡的保護區，缺乏水源和食物。我發現，文化傳說不比主權和土地來得重要。我試著以詩介紹這些社區，為他們發聲，展示他們生活景觀的照片，以演講和研討會的方式介紹少為人知的墨西哥。詩，終究成為正義、文化和權力的探索，而它的形式可依聽眾和內容而異。

謝：你在詩中常常使用「邊界」這字眼。能不能詳細說明一下它的意義和重要性？

耶：自由，解放，還有去除路障、鐵絲網圍籬、檢查護照的長龍、開到田裡找尋非法移民的綠色車子，質問的警長警察和邊界巡邏、以及測驗英文能力。這些都會使我的情緒很激動。我小時候，母親為我唱的最早的歌曲是〈德州厄爾巴索市的走私貨〉（El Paso, Texas contraband），那是一首關於非法墨裔移民被邊界巡邏逮捕的歌。我六歲時親眼看見，我們住的拖車對面的鄰居朋友卡西亞斯全家人，一個個被巡邏警員從自己家裡拖出來，塞進遞解出境的車廂裡，以後就沒見到他們了。自由比邊界好，不是嗎？

謝：你是如何對土著文化發生興趣的？

耶：我年少時就把自己看作是土著。我母親也認為自己是印第安人。這不是一個嚴謹的概念。我們家人身上流淌著對墨西哥泥土的情感，也有對美國土地的牽繫。我剛提過，當我就讀加州大學時，我便決定要與這種「土著」情感再度連結。而它改變了我的一生。

謝：你奉獻很多時間到監獄教詩歌。是什麼原因？

耶：詩，跟我們內心和外在生活的動力有關。把詩帶進監獄、少年看守所和「特殊高中」能產生奇效。人們唱歌、呼叫、微笑。有些人想起掩埋幾十年的往事而哭泣，有些人重溫過去。一首詩會讓人覺得，他們就站在遺忘已久的「精華之村」（village of flowers）的前面。詩是我的生命，我生活裡不能沒有詩。

謝：你能解釋什麼是「精華之村」嗎？

耶：我們往往在純樸中發現優美的、有意義的事物，原本還以為必須丟下這些東西才能找到真正的、新的經驗。就像哈金的小說《等待》（*Waiting*）裡的中心故事一樣。

謝：你能談談，你是如何對詩產生興趣的？

耶：我母親常常唱歌給我聽。我父親總會說些他十四歲來美國的事，如何從墨西哥的奇瓦瓦州跳上火車，到美國科羅拉多州的丹佛市。我父母親說的話，就是純粹的詩。我不知道為什麼；也許因為他們總是用比喻說話，又或者因為他們所擁有的，就只有語言吧，那些強有力又有趣的言語。

謝：哪些人深深影響了你的詩？如何影響呢？

耶：除了我父母之外，我兩個舅舅羅博托和維森特也影響了我。羅博托舅舅在1930年代的墨西哥是一位廣播和戲劇界的先驅，在1950和1960年代的舊金山灣區創立了一個西班牙文和英文的雙語課程，也是一位很好的喜劇明星、詩人及演員。維森特舅舅是一位有叛逆性的藝術家，1920年代開始在德州獻身於超現實主義。他們都很窮，所以，他們觸及的事物總是很有創意。他們也是我靈感的來源。後來，我高中的好友，住在聖地牙哥離我們家的小屋子只有三公尺遠的烏里斯塔（Alberto Urista）變成我的良師。剛開始，我們一起坐公車到學校；後來，他轟動全國，甚至全球的文學界，我們還是分享彼此寫的詩，到各地一起朗誦，也一起生活在放浪式的「地下」詩壇裡有好幾年。1960年代後期，就讀加州大學洛杉磯分校時，我醉心於學校裡的表演、舞蹈和音樂，還有沙特（Jean-Paul Sartre）、尼采（Nietzsche）、康德（Kant）、托馬斯・曼（Thomas Mann）、卡夫卡（Kafka）等人的著作，以及美國印第安和非裔的詩歌與禪詩。此外，瑜伽、印度教和當年新興的神祕的意識文化。還有，帶有革命意味的學生運動、拉丁美洲與中國的書籍、影像、觀點、歷史和人物，甚至紅色的毛語錄。這些都激發我從不同方向角度寫作，同時汲取來自許多噴泉的水資源——對一個即將成形的詩人來說，那是一劑很豐富的萬能藥。

謝：有些評論家認為，你是成功地將詩與其他文體或藝術結合的先驅詩人之一。你當初走這條路的想法是怎樣的？

耶：這問題很難回答。簡單的答案是人與美學。不過，有許多不同的組合，像大自然和人、美學和文字、私密和公開等。二次大戰後的波蘭詩人就是一個很好的例子——女詩人辛波絲卡（Wislawa Szymborska）——一個偉大的藝術和政治聲音的融合。中國唐代詩人李商隱是另一個例子——愛情和美的複雜性的融合。現任美國桂冠詩人萊文的詩，在很清楚的敘述中，帶有不尋常見識的訊息。我特別喜歡這種詩。

謝：通常你寫詩的過程是怎樣的？構想從哪裡來的？寫詩一氣呵成的嗎？還有，修改呢？

耶：三十秒。即時的。讓詩思流動，不要停止或琢磨，也不要擦掉，下筆都是好的。讓筆帶著你走，跟著墨汁走。讓自己消失，再回來，睜開眼睛。然後，玩一玩。無法一氣呵成的話，分兩次也可以。剩下的就是修改了。也不要改太多，太多了會傷害到詩作的原創，為它穿上難看的，沉重的鞋子。你要增修的是沒有說的部分，當時機成熟，那些字詞會自然湧現。有時候，我可以在三個星期裡完成一百首詩；可有時候，三個星期才寫了一首。沒有一定規則的。

謝：除了寫詩，你還是一位漫畫家和表演者。你如何安排多樣才華的發揮，以及處理有限的時間？

耶：那些都是類同的心智活動。這就是秘訣。寫作是我生命的藝術。它引領我進入表演。呼吸，還有動作，就是生命，其他的事跟著發生。通常我每天寫作，寫在任何可以書寫的材料上，像紙、硬紙板或文書夾。我最喜歡用信封寫，因為它們長度夠，又比紙厚一點。當你在機場裡，身邊沒有日記簿可以寫，星巴克咖啡店的袋子很棒。你把它拆解，折成一本小冊子。漫畫、音樂、藝術和寫作都是我初中時代就開始交往的朋友。

謝：你接觸過中國詩歌嗎？

耶：一點點。那是1970年代後期住在舊金山，就讀史丹佛大學研究所的時候。在學校裡，我認識了音樂家兼學者王世明（Francis Wong）。他從1980年代到現在，一直是舊金山灣區亞裔音樂和藝術運動的關鍵人物。我也曾經和林小琴（Genny Lim）一起表演過，她是另一位舊金山詩和表演藝術的先鋒。在加州大學河濱分校，我認識了一些來自北京的年輕詩人。他們讓我讀他們的詩作，談論他們的作家朋友，以及對詩的愛好。在我大學部和研究所的詩歌研討會上，班上有一些中國詩人教我許多關於中國的事情，像宗教、山岳和生活。我對中國的興趣，好像與日俱增。事實上，這也是1960年代很流行的主題。身為墨西哥裔美國人，我們想要與整個美洲、亞洲和非洲對話。但是，我們缺乏資源和人脈。有很長一陣子，我對道家詩人和思想家非常感興趣。太極圖是一個驚人的思想、文化知識和宇宙論的合成體，就像蘇州孔廟內的石刻天文圖一樣地偉大。我在芝加哥美術館的「道家和中國藝術」展覽中看過那石刻。我也在那展覽裡看到明代的莊周夢蝶的國畫，我很喜歡。誰是夢者？莊子還是蝴蝶？蝴蝶啦！最近，我關心起西藏的情況和那裡的人：主權和文化的議題。你可以瞭解，這些都回到同樣的主題：自由。詩。自由。謝謝你的訪問。我感到很榮幸，謹向所有新的華人朋友致意。

謝：謝謝你抽空為我們讀者作了一場很精彩的談話。

詩，存在的一種質與量
——訪問詩人赫希費爾（Jane Hirshfield）

赫希費爾就讀普林斯頓大學，並畢業自該所大學第一屆有女生在內的班級。之後，她從事了許多性質截然不同的工作，從大卡車司機、廚師到大學講師和翻譯工作者。不過，近數十年來，她專心寫作，以寫詩、翻譯、教學為終身職志。

她曾經這麼說：「對我而言，詩是一種探索的工具，一種知覺的方式，以及一種了解和感覺自己與世界的道路。」她對詩的看法是「我認為，詩不應當只建構在詩本身；它是以認真仔細過的生活為基礎。所以，我無法說寫就寫；首先我必須了解，活著是什麼意義。」赫希費爾認為詩是天成的：「我覺得，我像是為詩服務。詩不是我製作出來的，而是我服務的對象。」她寫詩的時候，強調自由和孤寂。在一首名為〈詩人〉（The poet）的詩裡，她這麼描述著：「她正工作著，在房間裡／和我在寫作或你在閱讀的／這一間，沒有兩樣／她的桌子上全是紙張／……／讓她有的是時間，寂靜／和夠多的紙張寫錯再改，又繼續往前」。她不喜歡在筆記簿上打草稿，寧可在散亂的，用過的紙頭上塗鴉。對她來說，寫詩的時候需要被寧靜完全環繞著。詩稿未成形之前，她絕不與他人討論。

赫希費爾總共出版了九本詩集，並得過諸多獎項。她總是以冷靜而精簡的語言，透過細節與聯想，抒發出自我對人生的真諦和自然的神奇的感觸。她的詩真誠而優雅， 清新而富有美感，透露著人類的心靈與大自然間的微妙互動，富有宗教哲學省思的氣質。她的詩主題多樣，從形而上到政治、生態、科學以至於日常生活的微妙細節。〈樹〉（Tree）這首詩就是個鮮明的例子：「多麼愚蠢的事：／竟讓一株小紅木／長在屋旁／／即使／短短這一生／你也得選擇／／那龐大沉著的存在／屋內這雜亂的湯鍋和書本——／初枒的枝頭拂拭窗子／柔和安靜地，那棵巨大輕敲著你的生命」。另一首詩〈沒有什麼長長久久的〉（Nothing lasts）觸及人生的倏忽：「『沒有什麼長長久久的』——／心思總是悲痛地伴隨每一次的喪失／／『沒有什麼長長久久的』——／也是一種安慰的允諾／／傷痛和希望／是跳繩的兩端／急躁的孿生女兒／／一個穿羊毛衣，另一個穿棉布衫」。

她也善於寫短詩，字數不多，卻讓讀者回味無窮，例如〈速度與完美〉（Speed and perfection）一詩：「杏子的季節匆匆而過——／單單一夜的風就夠了／我跪在地上，一個一個地撿／我拼命吃，趁傷痕還未出現之前」和另一首〈雪松的芬芳〉（A cedary fragrance）：「即使現在／幾十年後／我仍然潑冷水洗臉——／／不為鍛鍊／和記憶無關／也不是為了那冰冷而清醒的拍打／／而是練習／選擇／使討厭的變成想要的」。有評論家認為，赫希費爾是現代詩人當中，用字簡樸的大師之一。

赫希費爾九歲時就被日本詩歌所吸引，對傳統日本詩頗有見地。她是引介古代日本短歌到美國文壇的推手。她也和荒谷真理子合譯了小野小町與和泉式部的詩作，並集結成《墨色的月亮》（*The Ink Dark Moon*）一書。她也撰寫了一本有關松尾芭蕉的電子書《俳句之心》（*The Heart of Haiku*）。她受日文詩中禪意的長年薰陶，而走入佛教，曾經在舊金山禪中心習禪，包括三年的修道式。她總結禪的本質為：無常、每樣事物的關聯性以及專注。赫希費爾的詩頗受禪和佛教的影響，儘管詩裡並沒有佛教的字眼。她對眾生的平等心是很明顯的，即使是一棵李樹，一隻老鼠或者一條蛇，都有靈性。在〈綠色條紋的甜瓜〉（Green-striped melons）裡，從對瓜果的觀察，她想到人的命運：「它們橫臥在／星空下的田野／它們躺在雨中的田裡／在陽光下／／有些人／就像是這樣／像一幅畫／藏在另一幅畫底下／／一種意想不到的重量／它們成熟的跡象」。她的詩總帶有些許的樂觀，就如〈樂觀〉（Optimism）這首詩所要說的：「我越來越欣賞彈性／不是枕頭簡單的阻力／海綿一再恢復原狀的那一種／而是樹木迂迴的韌力：發現這一邊光被擋住／就朝向另一邊。盲目的智慧？也許／可這種執著出現了海龜、河流／線粒體和無花果——所有這些樹脂性的、不收縮的世界」。

詩人赫希費爾自小對中國傳統詩也發生興趣，涉獵頗多，尤其對杜甫、李白、王維、蘇東坡和寒山的詩特別鍾愛。這從〈山〉（The mountain）那首詩可以略窺一二：「這瞬間，那座山是清晰的／在強烈的晨光中。下個瞬間，它消失在霧裡／我回到杜甫的詩，唯恐再抬頭看它／會打斷了閱讀，而發現窗前的月光——／但當我仰首，霧仍徘徊／而老詩人的頭髮變白／一隻雁子飛過，默默地騰空而去」。她曾於2009年受邀到西安參加第二屆中國詩歌節，朗誦並演講，與現代中國詩人互動。她認為，雖然語言是一層障礙，但如果一個人真正用心去讀詩的話，在精神層面與審美意趣上仍然能有所收獲。她鼓吹不同文化的詩歌交流，除了參加中國的詩歌節外，也曾到日本和波蘭訪問。美國桂冠詩人萊恩（Kay Ryan；參見〈詩，給生活更多的氧氣——記詩人萊恩的朗讀及訪談〉）稱她是一位高雅的詩人特使。

除了詩之外，赫希費爾的散文也好評不斷，字裡行間同樣流淌著詩意。其中《九門：進入詩心》（*Nine Gates: Entering the Mind of Poetry*）這本詩論集已經被公認為經典之作。九篇散文當中引用了許多英文詩和日文詩作為例子。她的散文不只討論如何寫詩、創意的開發、比喻性的心態、翻譯，也涉及人類存在和生活的意義及心理層面的陰影。更難得的是，就如《出版人週刊》的評論所說：「她雙腳穩穩站在西方和東方的準則上，赫希費爾給我們帶來完整而及時的收藏品，關於我們與詩的關係，我們與世界的關係，還有兩者之間的萬物。」

2008年我參加了在北加州普萊森頓（Pleasanton）所舉辦的詩歌節。赫希費爾就是那場盛會的貴賓，同時也是主講人。因為這個因緣，我最近去信邀她作一場訪談。她答應並認為以電子郵件的方式進行，最適和她的工作時間表。以下就是訪談的內容：

謝勳（以下簡稱謝）：妳過去的生活經驗豐富，包括農場、修禪、開大卡車、廚師和教書。這些經驗如何影響了妳寫作的內容和形式？

赫希費爾（以下簡稱赫）：那些工作每一樣都需要專注，同時都教你要更仔細些。別人聽起來，在禪修的日子似乎比其他活動還要專注，但我覺得所有那些活動都是一脈連貫的學習。燒菜時，如果忘了控制時間，燜的東西就會煮焦。當你開一部四十噸大卡車時，一不小心可能就後果不堪設想了。我的詩試著以清澈的方式，傳達精確的經驗，卻又同時保留住我們生命中深沉的神秘性和不可知性。那個平衡點的一方可能導致賣弄學問而令人厭煩；另一方則會引起困惑。只有具滲透性的覺察那樣的特質，才能使一首詩道出其他任何方法所無法傳述的。

我想，寫詩還需要實驗和無畏的精神。當我還年輕的時候，我想嘗試今世人間的真味，所以我做了許多不同的事。在禪寺裡沒有電，也沒有熱氣，那是一種非常簡單而守紀律的生活。夏天我可以聽到獅子沿著溪流走過我木屋的聲音；冬天是舊金山灣區的雨季，溪水洶湧咆哮。我們的住處，離開最近的現代世界有二十二公里遠。這中間是很陡的山路。我覺得，能自己作決定，別有目的的如此生活是一種特殊待遇。我想經歷事情的原貌，去瞭解自己；不受干擾的時間對這種目的是很有幫助的。

謝：談到寫作的時候，妳似乎很強調自由和孤獨。這兩者為什麼那麼重要呢？

赫：詩，要說的是存在的事物，以及伸展存在的現實。字要有任何深度和任何廣度的話，就必須包含沉默、寂靜和不受字本身約束的無限制。詩是一種比語言可做的還要多的語言。孤獨，對我來說，就好比是新思維和新感覺之魚所需要的水。有了水，魚才能在其中悠游自如。

謝：妳的詩集得過許多獎項和肯定。妳能告訴我們，當妳構思一首詩或集結一本書時，所花的心思有多大？

赫：以所花的心思為尺度來衡量詩作是很困難的。這有點像談戀愛。你整個身心智都沉浸在愛情之中。你不用刻意去努力，但你生命的每一個原子都在參與。這算不算是工作呢？當你在戀愛中，或寫詩的時候，你做很多事情。你過去所做的每一樣事，也都會有所作用，就像整個氣候系統、流域和行星都會起作用，而產生一杯水，供人飲用。

集結成冊和寫一首詩，對我來說是不同的。寫詩，我是一首一首地寫。出書就不一樣。理出頭緒，找個好書名，都需要努力。有時候我覺得還蠻容易的，有時候卻感覺幾乎不可能。有點奇怪的是，幾乎沒有人讀詩集會像讀小說一樣，是按著頁次從第一頁讀到最後一頁的。你拿起詩集來，這裡看看，那裡翻翻。只有當我重讀那些喜歡的詩集時，才會一路順著讀。當我整理材料準備編成一本書時，我必須精心安排內容的次序，一頁接著一頁，唯恐有人真的是照著順序讀詩集的。就我好像是個博物館裡掛畫的管理員一樣，明知觀眾大都把每一幅畫看作是個別的作品，隨興地瀏覽欣賞，但還是要顧慮到那些習慣依序觀賞的人，以及他們的想法。

謝：身為一位有所成就的翻譯者，妳如何從許多不同的考量，提供一個「最佳的」翻譯呢？

赫：我總是喜歡墨西哥詩人帕斯（Octavio Paz）對這個過程的描述：一個翻譯者試著「用不同的方法找出相同的效果」。在翻譯過程中，你需要感受到原詩的力量、姿態和意義，而盡你所能，以新的語言表達，越接近原來那種經驗越好。我們當然都知道，沒有兩個人能對同一首詩，同一些文字有同樣的感受。甚至在你生命中，當你經歷變化後，同樣的文字會有不同的顏色、芬芳和意義了。作為一個翻譯者，你只能翻譯那些此刻駐留在你體內、耳朵、心靈、情緒和脈搏裡的詩，而且要盡你所能。沒有所謂「最好的」翻譯，只有此刻召喚你的翻譯，以此刻的語言。二十五或五十年之後，讀者又需要新的翻譯，用適合那時代聽講的語言。

謝：有哪些詩人影響妳最多的？中國古典詩人當中，有誰啓發了妳？

赫：影響過我寫詩的人很多，難以盡數——從古代中國詩人到希臘和羅馬詩人，從中世紀西班牙、印度及日本詩人到當代波蘭和北歐詩人。詩教我如何做人，如何更完全地、更全面地感覺這俗世的經驗。進入新的一種詩就如同聽到從沒聽過的樂器或鳥叫：這世界變得更大，我自己也變得更成長。我無法想像，假如我一生沒有讀過那些已經讀了的詩的話，我會變成什麼樣的人，或者我對人生的感受會是怎樣不同？許多其他事物也如此——語言、數學、雕塑、科學多方面的知識等等。嬰兒就知道歡樂、饑餓、愛、舒適和不適，或許驚奇。其他的我們都是學習來的。

中國詩人當中，我最喜歡的是李白、杜甫、王維、蘇東坡，以及其他幾位。另外一位，也許在美國和日本比在中國出名的，是寫禪詩有名的僧人寒山。當我很小的時候，我買了許多中國詩人的詩選；而我大概都受到他們的影響，不管是有名的還是沒有名的詩人。他們透過意象和外在的描述，說出我內心的感觸，深深影響了我。同樣重要的是，他們在詩中觀察和感受這世界的方式也改變了我的人生以及我的詩。

謝：讀者從妳散文的字裡行間可以感受到一種詩意的流動。妳是如何做到的？妳必須很努力才能完稿，達到妳想要的程度嗎？

赫：我寫詩或散文，並非因為我已經知道最終的內容，而是因為我用文字逐漸展現內容。你的左腳向前走，接著你的右腳也向前走；兩隻腳走出一條你從未知道存在的路，直到你發現它。一旦想法、觀點和感覺被發現後，我就做修改的工作，讓說出來的話更真確。我檢視每一個字、詞、句子或段落，看看它們是否能夠變得更好。

　　但是，「更好」是什麼意思呢？也許是更清楚和更多驚奇的混合吧。在文學領域裡，除非是從未說過的或者從未那樣認知的，別的就免談了。其他必須做的就是「書寫」——就像是如何做麵包或者如何組裝書架的說明。文學，是一種藝術，講求真和新。

謝：妳能談一談寫散文集的動機，像很成功的那一本《九門：進入詩心》（*Nine Gates: Entering the Mind of Poetry*）？

赫：我的散文試著回答一些終生的疑問：詩是什麼？什麼才是好詩？如何寫好詩？你檢視詩的本質，就會發現，它們離不開人生。二者為一。所以，關於好詩，也就是關於過一輩子豐富而開放的生活。

謝：在美國公共電視台的紀錄片《佛佗》（*The Buddha*）裡邊，妳和詩人默溫（W.S. Merwin）受邀在片中作說明評論。妳能否談一談如何進入佛教和禪？

赫：我八歲的時候，自己買的第一本書是日本俳句集。當時我住在都市裡，又是一個小孩子，我在那些詩裡看到了什麼？回想當年，我現在可以說，我當時選擇了自己的未來——俳句是一種反映源頭的禪和佛教文化的詩。詩人芭蕉學佛，無論到哪裡，都隨身攜帶日本和中國精典之作，放在背囊裡。我買的那本俳句集裡的詩，就像是一種背囊，我可以尋寶。我也因而發現裡邊的三明治和熱水壺裡的茶有佛教的風味。後來，我也讀了些持有這種觀點的其他書籍。所以，我是從文學接近佛教的，並沒有很明顯的佛教或禪這些字眼，而是從道出它們傳統聲音的詩進入的。

謝：作為一個禪修者和詩人，妳如何培養專注呢？

赫：培養專注的唯一方法是培養注意力。坐禪如此；寫作和修稿和讀詩也如此。你經由注意而學習如何專注，感覺自己經歷了改變，而且想要更專注。到達某個時候，你感覺體內有個迴轉儀。這並不是說，我永遠是在一種完美的專注狀態，意識到與眾生，與石頭、溪流和樹木相關聯；而是說，我內心知道何時我失去那種意識，或者何時我陷入不注意，昏睡，或自我執著的狀態。你會清楚地感覺到那種狀態，就像你踩著一塊塊的石頭過溪流，忽然發現冷水已經有你膝部那麼深了。我自己對禪修的看法是，你可能感覺「喔，這冰涼的水真好。」禪修並不是說永遠不會掉入人的情緒的溪流裡，而是說知道水是怎麼一回事。

謝：妳能描述，妳在俳句方面的投入，如何影響了妳寫西方的詩嗎？

赫：不只俳句，還有古代日本的短歌（三十一音節，而非俳句的十七音節）以及許多中國的絕句和律詩都給了我一種很強的感覺：在極少的字眼裡賦有巨大的體驗。我的詩並非都是短詩——但有些是。即使那些詩也都是我自己的寫作，而不是模仿中文或日文詩，是我從閱讀中認為是精華的而領會得來的。松尾芭蕉曾經寫過這樣的俳句：「別模仿我，不要像是切開的甜瓜的第二半。」另一位更早期的日本詩人空海也寫過：「別模仿古代的大師，尋找他們所追求的是什麼。」這就是我和那些具有轉變能力的中文及日文傳統短詩的關係。

謝：妳對寫詩有什麼建議？

赫：一首詩是關於存在的一種質與量，而進入了人類的語言。寫作是一種增加生命籌碼，更完全更深切了解生命的方式。今天（我說今天，是因為明天我說的可能會不一樣），我給的建議讀者要慎重：所有的建議都是抽象，一般性，而且可能無效。不過，一定要我說的話，就是幾個要點：要寫好詩，首先你的生活方式必須要能吸引好詩。想一些有趣的想法；充分地感受經驗；寫些令人難忘的音樂；觀察仔細入微。盡情地愉快探索，像一個在玩耍的孩子那樣自由自在；多問問題；願意承擔風險。什麼都讀；不過，當你寫作時，尋找那些只有你才會說的話。把你用的字眼放在真相的天秤上衡量，但也不要因而受到束縛。你應當了解，詩在這世界上有它道義上的重量，它們會改變你和其他人，它們會產生結果的。雖然如此，寫初稿的時候，還是要多方嘗試，讓自己成為可滲透的，打開你的每一扇門窗讓每一種氣候進來。我感覺，在現代世界裡，一個文化注意力走向某一個方向，藝術就朝另一方向邁進。我最近的詩集裡最常被引用的一行詩是：「思考那些易受攻擊的想法，否則你就會孤單。」濕透在雨中，冷凍在雪中，為效勞更深的公正而飢渴而有時出差錯。要像英國詩人霍浦金斯（Gerard Manley Hopkins）描寫美的讚歎時所說的：「少見的、相反的和奇特的」；要像他所說的，感覺「深藏在事物內裡，珍貴的清新」。詩，在那種親密、創意、智慧和驚奇的心態中可以找得到。

謝：謝謝妳撥空回答了我這些問題。

在真正了解慈悲是什麼之前
——訪問巴勒斯坦裔詩人奈怡（Naomi Shihab Nye）

詩人奈怡出生於美國中西部聖路易市，父親是巴勒斯坦人，以新聞記者為業，而母親是白人。少女時期的奈怡在巴勒斯坦和美國德州兩地度過。她曾經說，她十四歲時在巴勒斯坦村莊裡和祖母相處的日子，深深改變了她的生活。因此，她的詩深受著這兩種文化，以及它們之間差異的影響。她的阿拉伯裔血緣流淌著〈阿拉伯語〉（Arabic）這一首詩裡的感觸：「那個笑眼的男人收斂起微笑／說：『直到你會說阿拉伯語之前／你不了解什麼是痛苦』／／和腦勺子有關／阿拉伯人把悲傷藏在腦勺子／只有語言才能破解，單調的石頭／／哭泣聲，老舊金屬柵欄的刺耳聲／『你一旦知道，』他耳語著，『當你需要的時候／你就進得了房間。遠遠聽到的音樂／／陌生人婚禮中的擊鼓聲／湧上來，在你皮膚的內裡，在雨中，從千百片／振動的舌頭。你改變了』」《當代南方作家》雜誌（Contemporary Southern Writers）認為，她的詩隱含東方、中東和美國印第安人的宗教情懷，頗有史代福德（William Stafford），史蒂文生（Walace Stevens）和史耐德（Gary Snyder，參見〈荒野的實踐——有關詩人史耐德的紀錄片〉）那種帶有冥思意味的詩風。奈怡在大學時期主修英文和世界宗教。

受母親影響，奈怡六歲就開始在雜誌上寫詩。她的才華洋溢，既寫詩，寫小說，也作曲，並且獲獎連連，包括各種詩集獎項和兒童文學獎。評論家認為她代表美國兒童的聲音——一個敢於探險的女孩的聲音。她總共出版了十五本詩集，另外也出版了七本為年輕讀者而寫的詩集。奈怡是美國詩人協會的現任理事。

已過世的詩人史代福德是奈怡的良師益友，深深影響她寫詩的歷程。史代福德評論她的詩作說：「她的詩結合出類拔萃的活力和閃爍的亮光，以及熱情和人類的洞察力。她堅持鼓舞和愛心的文學。讀她的詩提昇了我們的生活。」在〈比爾的豆莢——獻給威廉・史代福德〉（Bill's beans – for William Stafford）這首詩裡，奈怡紀念史代福德，把他的教導比喻成豆莢：「葉子底下，它們長而銳利／我拔下一個完美的問號和兩片瘦豆莢／感覺豆莖磁性的突然斷裂，和整天下來／成熟的重量，也聞出大地的乾渴／他留下褐色的帽子、鏟子和他的筆／我不知道豆根有多深／我們可以作實驗／他離開俄勒岡的天空和優美流暢的樹木。他給我們潛藏在腳底下的生命／還說：妳知道該做什麼／因而，我們把這些豆莢／拿進屋裡煮／再用手指頭一個個抓著吃」。

奈怡善於借用很平凡的人物，東西或事件，抒發她對於世俗生活的樂觀。她自己說過，她的詩的主要來源是當地的生活，鄰居的聲音，街上邂逅的人物，以及日常生活的細節，就像〈茶盤〉（The tray）這首詩所要傳遞的心情：「即使在一個傷心的日子／沒有柄的白色小杯子／也會出現／在茶盤上排成圓圈／裝滿了熱騰騰的茶／不論我們／能否說些什麼／茶盤總是傳遞過去／我們一口接一口地喝／在無聲中／那是另一種方式／嘴唇可以一起說話／從熱的杯緣發聲／一起喝了下去」。

深愛旅行的奈怡，過去三十幾年間，跑遍全美國，和世界多處，主持寫作講習，因而被稱為「漫遊詩人」。她的詩集《燃料》（*Fuel*）被評論為一種嘗試連結對抗力量的橋樑。她善於運用詩的寫作，來證實全人類共通的人性。奈怡有一首極受歡迎的詩〈慈悲〉（Kindness），常被引用。那首詩是她在哥倫比亞度蜜月的途中遭遇搶劫後的狀況下寫出來的：「在真正了解慈悲是什麼之前／你必須有過喪失之痛／感覺未來消失在瞬間／就像鹽溶入菜湯／你手中擁有的／你清點過而小心儲存的／都必須割捨，你才會瞭解／慈悲地帶與地帶之間／風貌會是如何地荒涼／你坐著坐著／想必巴士永不停止／而吃著玉米和雞塊的乘客／會如何永遠地凝視窗外／／在你學會慈悲柔軟的引力之前／你必須走過身著白色雨披的／印第安人陳屍的路旁／你必須設想，他可能是你／他也可能曾經胸懷計劃／呼吸著生命純然的呼吸／而走過黑夜／／在你瞭解慈悲深埋在內心之前／你必須知道悲傷也深藏在裡面／你必須在悲傷中晨醒／你必須對著它說話，直到聲音／銜接上悲傷所有的線頭／而你看得見布匹的大小／／此時，唯有慈悲合乎情理／／只有慈悲在綁你的鞋帶／能讓你進入一天的生活，寄信／和購買麵包／只有慈悲從眾生中／抬起頭來說／我就是你一直在尋找的／然後，不論你到哪裡都跟著你／就像影子或朋友」。意象鮮明難忘，抒情意味濃厚。

幾個月前，我和詩人耶雷拉（Juan Felipe Herrera；參見〈詩，是一種無邊界的生活方式——訪問墨裔詩人耶雷拉〉）在網路上互通訊息，提到詩人奈怡。他極力推薦她，並要我在寫給奈怡的信上提到說是他介紹的。我寄出信後不久就收到奈怡的電子信。她希望能以電郵的方式完成訪談。訪談的全文如下：

謝勳（以下簡稱謝）：妳見證過中東的悲劇和苦難，卻仍然保持一種令人感覺溫暖又歡樂的態度。妳是如何做到的？

奈怡（以下簡稱奈）：首先，我要謝謝你對於我的詩和各種事情的看法感到寬厚的興趣。真謝謝你好意的邀請訪談，我感覺很榮幸。最近幾年，中東的確經歷了大量的苦難和悲劇；但是，瞭解那個在許多方面都是美好世界的任何人可以想像或記得，那裡有許多客氣又溫和的人民每天安分地生活，試著保持希望，愛自己也愛彼此。我們不該讓教人痛苦的新聞標題操縱寶貴的現實生活，這不管是在哪個國家都一樣。孩子們在學校裡。人們沉浸於愛河。男女老者凝視著落日，對自己的家鄉感覺無比地親切。我們不能讓駭人的新聞標題吞噬了事實。最近，我讚賞的美國作家艾格斯（Dave Eggers）寫說，我們美國人需要向伊拉克人道歉個一百年，我深受感動，也同意他的說法。

謝：妳曾經說過：「為了抵消耀眼的新聞大標題所傳達的負面影像，作家必須不斷地報導，那些比較接近人心和每天生活現實的簡單故事。」說得真好。但是我們如何讓我們的心態保持專注，而不讓媒體使我們脫離正軌呢？

奈：我認為，詩和藝術在這方面對我們最有助益。還有，音樂和回憶也是如此。每當我的心情因為新聞標題的誇張，刺激和悲劇而感到沉重時，我知道那就是多讀詩和故事的時候了。也是寫作和浸淫在藝術和音樂，或者燒一餐有鄉下口味美食的時候。我們不能讓惡劣的報導佔據了我們的思維。

謝：我第一次讀妳那一首名詩〈慈悲〉（Kindness）的時候，一開始就深深受感動：「在真正了解慈悲是什麼之前／你必須有過喪失之痛……」妳如何找到如此不可思議的詩句呢？

奈：那一句是從空中賜給我的。我從來沒感覺那是我寫的。在極度的創傷和恐慌的時候，我在玻利維亞的波坡陽市海邊的一個小公園坐下來，身無分文，只剩下一支鉛筆和小筆記簿。那些詩句流過筆尖成為篇章。我總相信聆聽空冥中的聲音，感覺就好像有什麼東西試著在幫助我。

謝：我聽說〈慈悲〉這首詩的背後有一個故事，說妳寫這首詩是在妳和先生度蜜月時，在巴士上遭遇搶劫，變得身無分文之後寫的。是嗎？

奈：是的。我只是把它記錄下來。那是空氣寫的。

謝：我覺得，妳總是善於把很平常的事物搬入詩裡，以絕妙的詩句作起頭或結尾，就像〈跋山涉水的洋蔥〉（The traveling onion）這一首詩：「當我想到洋蔥走了多麼遠的路／今天才來到我燉煮的菜裡／我真想跪下來讚美／所有被遺忘的小奇蹟」這些詩句是妳寫那首詩的時候，首先下筆的幾句嗎？那幾句的靈感是從哪裡來的呢？

奈：謝謝你的稱讚。是的，那幾句的確是當時下筆的頭幾句。我相信有規律，不受拘束，寫了又改，改了又寫的重要性。當我們如此做了，就容易入詩。我們是被牽引的。接著尚待發生的往往顯得更難！

　　我讀到一本食譜裡面的話。它說，歷經烹調的歷史，洋蔥總是運來運去。我拿出一本筆記簿坐下來，等文火慢慢煮湯。突然間，那幾句出現了！我們隨時不要離開筆記簿太遠。順便提一下，我仍然喜歡鉛筆和簡單的削鉛筆機。

謝：請問，妳如何保持用新鮮的眼光看待極為平凡的東西，像洋蔥、鈕扣孔、滑輪，等等？

奈：我是一個單純的人。小東西到現在仍然會激起我的興趣。

謝：妳說過，政治是關於人們。妳如何在詩中處理政治的語氣，而仍然保存藝術原則？

奈：嗯，這比較難以回答。我試著將事情的大小看成人體那樣大，像詩人費爾德（Edward Field）所說：「保護我遠離詩人的頭顱，那可怕的疾病／那裡字詞聽起來像銅鑼，意思消失殆盡」。我總是想到日常生活。我不是站在講台上的政客那樣。

謝：妳時常旅行，被稱為「漫遊詩人」，而妳又說過詩使我們慢下來。妳如何看待這表面上看起來是模稜兩可的說法呢？在實質上，旅行如何影響了妳的寫作？

奈：以慢慢的態度漫遊任何地方是可能的。我最近到英國漫遊，參加了連續十天，總共有九十五個朗讀和演講的雷德伯理詩歌節（Ledbury Poetry Festival）。然後，我也漫遊了詩人華滋華斯（William Wordsworth）曾經住過的格拉斯米爾湖地區，我對他的妹妹多羅西給予華滋華斯的愛和奉獻極感興趣。她為他的詩所作的筆記令人讚嘆。任何地方都可以寫作，這一點我很喜歡：在飛機上，機場或旅館裡，你都可以寫。你不需要一台大鋼琴。

謝：哪些詩人給妳的啓發最多？

奈：喔，這張名單會很長。我小時候喜歡狄更森（Emily

Dickinson），史蒂文生（Robert Louis Stevenson），休斯（Langston Hughes），泰戈爾（Rabindranath Tagore），桑德堡（Carl Sandburg）和布萊克（William Blake）這些多樣聲音的詩人。等我長大後，我喜歡的詩人包括默溫（W.S. Merwin），史代福德，克麗福敦（Lucille Clifton），日本的谷川俊太郎，蘇格蘭的羅伯岑（Robin Robertson），以及你訪問過的赫希費爾（Jane Hirshfield；參見〈詩，存在的一種質與量——訪問詩人赫希費爾〉），還有，布萊（Robert Bly）等等。我是一個求知慾強烈的讀者。我認為，熱愛詩的人都愛閱讀。

謝：從過去的訪談中可以看出史代福德對妳影響很大。妳對他的詩感覺如何？還有他寫作的態度？

奈：史代福德對於寫作很有自律，樂於修改，並有靈活的聽覺——永遠注意聽那些從對話，作夢或記憶中透露出來的語句。我衷心地喜愛他的詩，並從中得到滋養，已經有四十多年了。不論走到哪裡，我都會催促每一個人讀他的詩。我也尊敬他獻身於非暴力的主張，終身無限制方式的教學，謙虛和清澈的寫作。

謝：妳出版了兩張音樂錄音集。妳對音樂的興趣影響了妳的詩嗎？

奈：我喜歡音樂，但已經有好幾年沒寫過新歌了。我希望能再創作。四十年來，我喜歡的作曲家兼歌手是威茲（Tom Waits）。

謝：妳翻譯過很多詩。能談談妳翻譯時曾經有過的得意和挑戰的地方嗎？尤其是處理文化的差異處？

奈：我只做過輔助性的翻譯，修改那些已經翻成粗略英文的草稿。我覺得，翻譯時能著重在翻譯所能獲得的（例如贏來新讀者）要比專注在可能失去的（例如特別的慣用語或原本的音樂性）來得有意思。我第一本專集《同一個天空》（*This Same Sky*）是集結全球不同國家的詩人作品的英文翻譯。我引以為傲，因為經過了二十年，這本書還繼續印行。翻譯者是詩壇上的無名英雄，他們從未獲得足夠的注意。我正在讀一本今年出版，很棒的書信往來的集結：《航空信》（*Airmail*）。那是諾貝爾獎瑞典詩人特朗斯特羅默（Tomas Transtromer）和詩人布萊將彼此的詩翻譯成對方的語言。

謝：妳也出版了好幾本青少年讀物。我們如何才能讓更多的青少年讀者對詩產生興趣？

奈：讓他們接觸詩！讓詩變成每天生活的一部分。牆上貼一些詩！給他們有引誘性的詩集看。鼓勵他們身邊攜帶筆記簿。舉辦各種形式的詩歌活動，也鼓勵他們自己舉辦詩朗讀和演講。方法多得很呢。

謝：妳能給剛開始寫詩的人一些建議嗎？

奈：我總是說，讀，讀，再多讀。定期地寫，找個管道分享你的作品。我再加一句：不要期望別人替你作功課。我們的作品如何送到這世界完全靠我們自己。別出其不意地把你的作品噗通一聲放在人家的前門，然後說：「喂，你能替我出版嗎？」你必須尋找適當的，簡單而不間斷的方式，讓你的作品在格調相容或相似的平台上發表，與人分享。不要氣餒；善待你自己。

謝：謝謝妳以電郵方式回答了我的問題。

奈：我喜歡你提出的一些問題。

淡淡的愁思與孤獨
——訪問華裔詩人李立揚（Li-Young Lee）

當代美籍亞裔，專事英文詩寫作的詩人當中，最傑出知名的當屬李立揚（Li-Young Lee）了。美國名詩人史特恩（Gerald Stern）在李立揚的第一本詩集《玫瑰》（*Rose*）的序裡說「他的詩有遠見，主題嚴肅，理想崇高。……使人聯想起大詩人濟慈（John Keats）、里爾克（Rainer Maria Rilke）和羅斯克（Theodore Roethke）的詩」。另一位重量級詩人布萊（Robert Bly）認為「非常難得發現，有美國詩人如此絕妙地與文化連結……他說出來的絕不會是輕量級的東西」。

李立揚的母親是袁世凱的孫女。共產黨崛起後，他的父母親便離開了中國，前往印尼雅加達創立了迦瑪列大學。1957年李立揚出生於印尼。不久後，他父親在排華運動中被關了將近兩年。後來，全家輾轉經過香港、澳門和日本，終於移民美國。李立揚小時候，父母就為他朗讀中國古典詩。這對他日後的影響很大。現在他和母親、妻子及兒子住在芝加哥。

他曾經在多所大學任教，目前則專心寫詩。他的詩揉合了東西方的理念與傳統。也許就是這個原因，他的詩對來自不同民族的讀者都有著相當的魅力。李立揚29歲時出版了處女作《玫瑰》，被許多人視為天才。那本詩集不斷地重印，到了第29刷時已經超過八萬本了。從一開始就得獎無數，他的作品深入美國詩壇，被收錄在許多美國詩選裡。他已出版的詩集除了《玫瑰》

外，還有《在我愛上你的城市》（*The City in Which I Love You*）、《我的夜之書》（*Book of My Nights*）以及《我雙眸的背後》（*Behind My Eyes*）。

李立揚的詩總帶著淡淡的愁思與謙恭。他摯愛語言，勤於思考，擅於用簡單的文字勾勒出深邃的情感與哲思。他對家庭的愛、流亡的焦慮和人生最終命運的思考和體驗十分深刻；所以這些主題很自然地常常出現在他的詩裡。他的詩，隱藏在字裡行間的情意往往讓讀者低迴不已，就像那首〈吊床〉（The hammock）：「當我把頭枕在母親的膝上／白晝如何掩蔽星星，我在想像／就如有一次我躺著，藏在／母親自唱自吟的忘形中。我記起／她如何背著我／走在家和幼稚園的路上／每天早晨和午後各一趟／／我不知道她在想什麼／／當兒子把頭枕在我膝上，我想知道／我的吻能否不讓我的煩惱／變成他的？主啊，我記得／還有星子尚未帶來音訊／它們迢迢還未到來。阿門／我近乎感到安慰／／我不知道兒子在想什麼／／我生活在兩個未知之間／在先我而到的母親的指望以及／活得更久的兒子的願望之間／感覺像什麼呢？／一扇門，兩邊是告別？／還是，像一方兩邊都是永恆的窗？／全都是。在安寧的兩邊之間，還微微歌詠」。

親情對他極關重要。父親雖然早逝，可是在他心中和詩裡依然佔有一席之地，就像這首詩所隱含的：〈共餐〉[1]（Eating together）：「蒸籠裡有一條鱒魚／用薑絲，兩根嫩葱／以及麻油作料／我們要拿它來當中飯／兄弟，姐妹，我的母親／她將嘗魚頭上最鮮美的肉／用手指頭靈巧地夾着，像／幾個禮拜前我父親的樣子／後來他躺下去睡覺／如一條覆雪的路彎彎曲曲／穿過

[1] 非馬譯，美國新大陸詩刊第33期（1996年4月）

比他還老的松樹／沒有行人，卻不孤寂」。

李立揚常常很自然地把讀者從尋常例行的小事，引入深思，並賦予很濃的情感。〈拉住〉（To hold）這首詩就是這樣展開的：「不錯，我們終歸塵土。在此同時我和太太／兩人鋪床。拉住床單相對的兩邊／掀起翻騰的波浪，再拉緊／當它落下成線時，我們以眼睛量估／用力拉呀，摺呀，塞呀。運氣好的話／她會記起，訴說最近的夢／／有一天我們終將躺下，不再起立／有一天我們守護的終將捨棄／／大限之前，我們繼續學會領悟／珍惜的是什麼，以及守護不該有的／必須付出什麼／經常，恐懼使我／放下我知道終究／該捨棄的。可是此刻／我將聽她的夢／她也聽我的夢，彼此傾訴／把夢的細節聚光成／一束連帶的，雖然短暫的擁有」。

2010年7月29日下午，我和他相約，以電話作一場為時一個多鐘頭的訪談：從他的家庭到他的詩觀，從中國古典詩到西方現代詩，觸及的話題層面很多很廣。以下就是當天訪談的記錄——

謝勳（以下簡稱謝）：你懂中文嗎？

李立揚（以下簡稱李）：我會說一點點，已經忘了很多，但我看不懂中文。

謝：首先，我想澄清一個外界還弄不清楚的問題，就是：到底你跟袁世凱有著怎麼樣的關係？

李：他是我母親的祖父。

謝：你七歲時全家移民來美國。在那之前，你們住過哪幾個國家？那種無常感是否影響了你對自己身分的看法？

李：那樣的經驗讓我有無家可歸的感覺。我對家的概念很感興趣。

謝：你現在仍然有那種無家的感覺嗎？

李：現在好些了。從前我頗為苦惱，總是感到悲傷。最近，我終於在這地球上能有家的感覺。有好多年，我總想回天堂，回到神那裡，因為我感覺地球不是我的家，地球上沒有地方讓我有家的感覺。我因而覺得很消沉。所以我年幼時，樂於接受死的念頭，而不懂得如何重視生命，總以為死了就回到家了。

謝：你小時候，父親常朗誦中國的傳統詩給你聽。是嗎？

李：是的。

謝：那個習慣如何影響了你對文字和詩的愛好？

李：當他朗誦那些詩的時候，我感受到一種高度的心智狀況。唐代和宋代的詩是一種最高層次的智慧。聽到那些詩，我真的有那種感覺，認為世界上還有這麼高超的心智。我覺得，周圍的人好像都是心智不全。當我聽到杜甫、李白以及李清照等人的詩，我有那種很深很深的，心智清明的體驗。那個時候，我覺得詩就是終極的，完美的心智。

謝：儘管你並不了解其中每個字的意思？

李：對。我喜歡那種音樂感和意象。當我父親解釋詩裡頭的意思，我的感受更深。我因此領悟到那些詩的崇高境界。

謝：你喜歡中國古詩的什麼特色？

李：中國古詩充滿了孤寂與靜默。它們表達了某些情意，但沒說出的部分有時更多，更加有力。我喜歡中國傳統詩就是因為這樣。沒有說出的，卻是的的確確存在著的。

謝：你剛才提起，你喜歡李白、杜甫和李清照的詩。你有沒有試過借用他們的意象或仿效他們詩中的情調？

李：有，我試過，但是我是以現代生活的架構來發揮的。那些詩人依靠意象；我也利用很多的意象。我把鄉愁、淡淡的憂傷、孤獨以及宇宙觀具體地表現在我的詩裡。我覺得，他們的詩使人聯想到廣大的主題。他們詩中的說話者和很有深度的事實銜接著。我也試著在我的詩裡這麼做。他們以意象取代說明；我也是如此。

謝：你詩中的隱喻通常是怎麼來的？

李：它們要來就來，我總是在等候著。

謝：你在詩中常用光、露珠、火以及風之類的隱喻。從宇宙觀來說，它們的用法是不是和中國古典詩類似呢？

李：是的。不過，有很多以英文寫作的詩人也借用那些隱喻。我跟他們一樣，試著理解這世界的神祕性，了解看得見以及看不見的世界。愚蠢的人只觀察看得見的世界，而不去探究主宰有形世界的無形法則。這些隱喻根深於神秘主義的詩歌裡。

謝：在你那首長詩〈在我愛上你的城市〉（The city in which I love you）接近結尾的地方，你是這樣寫的：「日子非日子，我的地球非地球。」這不是很像白居易的「花非花，霧非霧」嗎？你似乎交錯地運用意象的虛實。那種虛空和你詩中的沉默有關係嗎？

李：對。但是你知道嗎？在那首詩裡，我的感覺是，我們住在地球上，卻正在破壞它。所以詩中有兩層意思：一種是白居易那首詩裡哲學性的感覺，而事實上，也是一種很具體的感覺。

謝：我瞭解。那麼「日子非日子」呢？

李：我感覺，我們人類將不再有我們的日子。也許不久的將來，人類不復存在，我們滅絕自己。這是很悲觀的話，但卻是我具體的感覺。而從形而上來看，那是一種虛和實，滿和無的感受。我試著把兩種感覺都寫入詩裡。你不覺得我們寫詩的時候，總是想要把許多東西放進去嗎？我認為，詩的模式就像基因的基本成分DNA一樣，把最多的資訊放在最小的空間裡。

謝：我喜歡你用DNA來比擬寫詩。在你詩中，你父親像是一位重要而又敏感的人物。有沒有那麼一天，他可能不再出現於你的詩裡嗎？

李：部分的我希望不會如此，但另外部分的我卻希望我能成長，不再以他為心靈的依靠。身為中國人的兒子，我又期望他永遠在那裡。我父母親對我來說是很重要的。他們吃了不少苦。我想，看到他們吃苦，孩子們潛意識地或不自覺地就跟著承擔一些負荷。我就是這樣子的。

謝：你什麼時候開始對英文詩有興趣？

李：當我開始學習英語，我認為英語很有趣。起初，我以為它很滑稽，沒有音調，聽起來很單調。我模仿別人學英語。一開始我就喜歡押韻的字眼。記得小時候有一次，我告訴媽媽說，一隻啁啾的鳥兒在教我說英語。她就說：「說說看。」我就含糊亂說一通，認為自己是在說英語呢。英文使我著迷。

謝：真有意思。在你那首詩〈獨餐〉（Eating alone）裡，你有一行是這麼寫的：「我一個年輕人，還能要什麼呢？」你年輕時的生活是怎樣的？

李：我不想誇張。不過，我覺得我年輕時很寂寞，也許還有點不安。

謝：當時你父母親不會為你擔心嗎？

李：沒有。他們為了生活的種種而總是心煩意亂，不會注意到我的問題。那也許是好事呢，使我找到了詩。我覺得中國古詩帶有孤獨感。我喜歡那種感覺。當我父母親朗讀那些詩，並且解釋給我聽的時候，我有那種「喔，他們是我的兄弟姊妹」的感覺。

謝：你能談一談在匹茲堡大學學習寫作的經驗嗎？

李：喔！我在那裡很快樂，遇到很好的教授。你知道嗎？在那之前，我還以為自己只是個怪異的中國孩子。最主要的是，我找不到任何喜歡詩的人，找不到喜歡詩的中國學生。所以我完全是孤獨的。我在匹茲堡大學唸大四的時候發現了詩的課程。

謝：史特恩教的嗎？

李：是的。他對我很和藹，很鼓勵我。我忽然覺得自己不再是個怪異的人。世界上也有人喜歡詩。於是，我開始了解詩。這是我真正發覺英文詩的開端。

謝：英文詩就變成你的不歸路了？

李：是的，沒錯。（笑了一笑）

謝：你曾經認為，詩的使命之一是有助於在人間建造天堂。你能解釋一下嗎？你的詩〈難民朋友們的自助〉（Self help for fellow refugees）裡，你說：「天堂上的天國固然好／可是，人間裡的天堂更好」。這是同樣的想法吧？

李：是的。我感覺，當一個人讀詩寫詩的時候，就像是在做瑜珈或太極或功夫一般，我們會接觸到最高層次的智慧。我認為，接觸最高層明智越多，我們越能在人間建造天堂。我喜歡易經；我把它看作是一本哲學書，而不是用來相命的。易經裡，我喜歡那個天地和諧的卦象，那就是我對天堂的看法。人們寫詩越多，或投入任何藝術越多，他們就變得越明智。一個社會裡，明智的人越多，社會就越好。未來有一天，人間將有天堂。這就是我的想法。

謝：詩，在你的生活中扮演怎樣的角色呢？

李：喔，詩是我的一切。我想，詩是我的使命。我隨時都在工作，隨時都在為詩而傾聽。我的靈魂就像是一個雷達盤，不斷地轉動找尋，隨時收聽詩的訊息。

謝：那你讀很多其他詩人的詩囉。哪些是你喜歡的詩人？

李：我喜歡的詩人可多呢。你提過的白居易，我喜歡他的詩。智利詩人聶魯達（Pablo Neruda）、西班牙詩人羅卡（Federico Garcia Lorca）和美國詩人狄更森（Emily Dickinson）。喔，狄更森真棒。

謝：從哪個角度來看呢？

李：你知道嗎？她使我想起中國詩人。她的詩看起來很簡單，卻又非常有深度。我讀她的一首詩給你聽，好嗎？這是一首很美的詩，簡單得像是小孩子寫的，像是出自一個非常有智慧的孩子的詩。我很喜歡。

（李立揚朗讀狄更森的第126首詩，沒有詩題）

李：我好喜歡這一首。

謝：好啊。意像清晰，且耐人尋味。

李：是的。我喜歡「腦比海深沉／因為，將它們並列，湛藍對湛藍」這一段。她說，腦是藍的，一種憂傷的顏色。也許她認為腦天生就是憂傷的。然後她又說腦與神同等重量，一磅對一磅。只有非常聰明的孩子才會說這樣的話。

謝：你是背誦的嗎？

李：我把它抄在日記裡的。

謝：喔。當代詩人中，有哪些是你喜歡的？

李：美國詩人當中，我喜歡吉伯特（Jack Gilbert）、萊文（Philip Levine）、史特恩以及肯內爾（Galway Kinnell）。老一輩的詩人嘛，秘魯的瓦烈赫（Cesar Vallejo）和德國的里爾克。喔，對了，還有鄧肯（Robert Duncan）。我愛鄧肯的詩。

謝：為什麼呢？

李：我喜歡他詩中的音樂性以及豪爽。我也喜歡金斯堡（Allen Ginsberg）和布萊。你知道我還喜歡誰的詩嗎？很優秀的詩人史代福德（William Stafford）。他已經死了。他很有趣，像個中國人。他對我說過，他試著把自己想成是一位中國詩人。你會發現，史代福德的詩有強烈的中國風格。布萊的詩也是如此，尤其是他早期寫的。還有，萊特（James Wright）的詩受到中國古詩的影響也很大。

謝：你許多詩裡，就像那首〈禮物〉（The gift），你把很普通的事轉變成感人的激動。一般來說，隱藏在普通情境裡的感情，會很自然地感染給你呢，還是你必須刻意去尋找？

李：〈禮物〉那首詩，描述我父親把一根刺從我手上拔出來的回憶。我那時心中對他充滿了愛、驕傲和尊敬，心中也充滿了悲傷和驚訝，快哭出來。年記小的時候，這般的經驗都會顯得強烈到我不知所措。等到我長大了，詩的焦點換成我太太。我把一根刺從她手上拔出來。我因為她的痛，她對我的信任而感動。我試著回憶，好像是過去發生過的事情。當我寫那首詩的時候，我大概先寫她，再回到記憶裡去。後來我重讀草稿，覺得應該從記憶開始，就把記憶中那一段移到前面。這樣的修改比較好。

謝：那首詩改過之後，讀者更容易懂了。你是不是經常思考，探究人生？

李：沒錯。我做得太過份了，該停止這麼做。

謝：你是否總是在挖掘周遭事情所隱含的意義？

李：永遠地。不斷地。我真希望我能不再如此。我必須戒掉那種習慣。就像那首詩〈難民朋友們的自助〉裡我說的：「思考是好事，但是生活更好。」有時候思考妨礙到我的生活。我總是在思考，而沒有專心活著。這成了一個問題。

謝：談到這，我能請問你：你太太是如何跟你同一步調呢？

李：（大笑）我那可憐的太太。我認為我太太是個聖人。與詩人結婚的人都是聖人。她是如此地有耐性，支持我，為我付出，長期受苦。她相信我；有時她顯得嚴厲，提醒我說：「你必須寫點東西，不能如此消沉。」她會喚醒我。她真的很棒。感謝上帝將她賜給我。

謝：有一次《詩人與作家》（*Poets & Writers*）雜誌訪問

你，你提到打坐對你的寫作有幫助。可以具體地多談一點嗎？

李：我腦子裡老是有很多靜電，很多憂慮，掛念很多事情。當我打坐時，我學習放鬆，讓萬念遠離。之後，我就可以開始感受到詩意。詩，來自內心的最深處，內心最純真的中心點。

謝：有道理。你打坐的習慣有多久了？

李：是我父親教我們的。

謝：真的？那你打坐的歷史很長了？

李：從我很小就開始。

謝：你有一位很有意思的父親。

李：他的確是很有趣，但也是很苦惱的一個人。

謝：怎麼說？

李：在美國他並不輕鬆自在。我想，他很聰明，甚至很有才華。他畫畫、寫詩、彈奏樂器，很有藝術細胞。但因為我們移民到這陌生的國家，他就必須賺錢，變得很實際，很悲傷的一個人。

謝：所以他整天為生計而忙，沒時間探索其他生命的課題囉。

李：是啊。我認為，他是一個深深感到憂傷的人。我的小時候就不自覺地感受到了。

謝：嗯。你每天有固定的工作時間嗎？

李：我沒有所謂典型的一天，只是每天試著寫詩。我母親住樓下，所以我每天去看她，為她按摩。她年紀很大了，身體到處是痠痛。按摩對她有幫助，我也感受良多。我不知道你家是不是和其他中國家庭一樣？中國的母子不像西方那樣親親抱抱的。所以我給她按摩，讓我有機會接觸她老人家。

謝：我瞭解你的意思。換個話題。當你有了詩的構想或感覺時，你是否一口氣就寫成初稿呢？還是多年後才寫下第二行？

李：有時候整首詩兩分鐘就完成了，可有的時候需要十年呢。差別很大。快慢大概各一半一半吧。

謝：至於稿子的修改呢？

李：有時候改了好幾次，費時好多年。可有時候立刻成詩。每一次都不一樣。

謝：你如何決定一首詩定稿了，可以送出去發表？

李：有一位了不起的法國詩人說過：「詩，從來沒有完成過，只是被離棄了。」你只是厭倦了，不再繼續修改下去而已。即使一首詩並不完美，你也不知道還能做些什麼。

謝：我還以為你要說，作者從來不可能完成一首詩的，因為讀者會完成那個「從寫到讀」的過程，甚至有時候解讀成另一版本的詩。

李：我喜歡你這個想法。真的喜歡。我要盜用它喔。（笑）

謝：好啊。這是我對詩的看法。我認為，一首詩在發表後，其實並沒有全然完成。讀者可能有不同於你的解讀，這是沒有辦法控制的。

李：是的，的確如此。我很喜歡這個說法。那是一種深思，我會再多予思考。

謝：未來幾年內，你有沒有打算再出書？

李：沒有。我就是每一天試著寫寫新詩。

謝：你用筆記簿記下一些詩的素材嗎？

李：我是有記下一些想法的習慣，但不是記在筆記簿上的。我寫在紙巾、信封和手上，幾乎每個地方。我也曾經在鞋子上寫過。當時我正在聽人演說，忽然有個想法，卻沒有地方可寫，於是就近寫在鞋子上。

謝：天啊。這是我頭一遭聽到有人寫在鞋子上的。你能為中文讀者選三四首自己寫的短詩嗎？我想把它們翻成中文，放在這篇訪談文章裡。

李：我想，〈吊床〉、〈拉住〉和〈共餐〉吧。

謝：好的。這篇文章刊登後，你需要幾份？

李：請寄兩份。我會送一份給媽媽。她會喜歡的。她現在仍然讀中文報紙雜誌。

謝：好的。謝謝你撥出時間來做這場訪談。

李：謝謝你。

印第安靈魂中的聲樂語言

——訪問印地安詩人哈爾鳩（Joy Harjo）

美國印地安部族雖然彼此間有許多差異，但是，有一個共同的特徵：在他們口傳的文化中，詩與歌總是連結在一起。這種傳統成為數百年來，在白人文化衝擊的陰影下，抒發苦悶的媒介。

鳩怡・哈爾鳩（Joy Harjo）是出生於美國奧克拉荷馬州的穆斯科格族（Mvskoke tribe）的印地安人。她曾出版了八本詩集，目前專注於詩與歌的創作，甚至詩歌舞三者的原創結合。她的詩，還有她的音樂專輯都贏得了多個獎項，聞名國際。美國詩壇和出版界有許多人認為，哈爾鳩清晰的藝術聲音，是當今美國印地安人強有力的發聲代表之一。她屬於所謂美國原住民復興運動（崛起於1960年代後期）的第二代，擅長以傳統的印第安節奏及價值觀，奇特的意象和神話，抒發被剝奪者苦痛及喜悅的聲音。她在1983年所出版，相當具有抒情格調的詩集《她擁有過幾匹馬》（*She Had Some Horses*）現在被公認是一部訴說女性絕望與覺醒的經典之作。

就如在〈鷹之詩〉（Eagle poem）裡，哈爾鳩把印地安人的人生觀和宇宙觀，用譬喻的美學表達出來：「……就像那個星期天早晨／在鹽河的藍空裡盤旋的飛鷹／在風裡，以神聖的兩翼／清滌我們的心／我們看到你，看到自己／深知對萬物該極為愛護／極為仁慈／吸口氣，回想我們／依靠萬物，呼口氣，記得／我們真是有福，因為／我們生，不久我們死／在循環的圓圈裡／就像鷹在我們體內／圓滿一個早晨／我們祈禱，那循環將以／美的姿態完成／啊，美的姿態」。

在另一首詩〈也許世界終結在此〉（Perhaps the world ends here）裡，她把那特有的印第安人的哲思發揮出來：「在廚房桌上，孩子們學習做人的意義在哪裡／我們在那裡培養男人／培養女人／在這桌上，我們閒語，想起敵人和情人的幽靈／我們的夢和我們喝咖啡／它們摟著孩子們／它們與我們嘲弄，我們倒下或者再爬起的自己／這個桌子是雨中的屋，陽光下的傘／戰爭開始也結束在這桌上／它是恐怖的陰影下藏身之處／一個慶祝駭人的勝利的地方／我們曾經在它上面生小孩／為父母準備埋葬／在此我們唱歌，高興或悲傷／我們為苦難及慈悲祈禱／我們說聲感謝／或許世界將終結在廚房桌上／當我們還在歡笑或哭泣／吃最後一口甜蜜的時候」。

2008那年我參加了在美國新澤西州滑鐵盧村舉行的「道奇詩歌節」（Dodge Poetry Festival，參見〈當詩歌統治了滑鐵盧村——記美國「道奇詩歌節」〉），對受邀朗誦，演奏薩克斯風及演講的哈爾鳩印象深刻。最近，我以通信及電郵的方式，邀請她作一場對談。由於她的詩朗誦和音樂演奏的活動繁忙，我們終於在幾次的通訊後，完成了以下的訪談：

謝勳（以下簡稱謝）：美國印地安人對於詩的看法有別於其它的族裔嗎？

哈爾鳩（以下簡稱哈）：詩就是詩嘛，它是靈魂中的聲樂語言。任何族裔都一樣。不過，在我所熟悉的土著文化裡，我們認為文字真的具有力量。寫詩或者朗誦詩是把詩的內在精神活生生帶出來；所以，一首詩會引發變化，不論是在氣候、任何種類的過程……或者心情上。就如同所有的詩一樣，我們的詩的用意在於傳達，同時也是語言藝術上的探索。我有許多詩是為了轉化一個時刻，讚揚或答謝一個人而寫的；而那個人可能是太陽、一棵植物、一隻動物或一種自然的過程。

我在成長的年代裡，總以為詩存在於書本或其他印刷刊物裡。一直到我開始對我的穆斯科格族是否有當代詩存在而提出疑問時，我才瞭解，我們印地安人的詩絕大多數並非以書本見世的。是的，我們的確有過一些著名的詩人，包括二十世紀初的詩人記者亞歷山大・波希（Alexander Posey）。但是，我們大多數的詩，是真真確確的歌唱語言，用在儀式和非宗教性的舞蹈與場合裡。我瞭解到，詩與音樂互屬，兩者渴望結合。當你仔細聽的話，你會領悟到，舞蹈也歸屬於那片領域的。你將發現，三者不會相隔太遠的。我相信許多文化也都是如此。

謝：美國原住民對時空有不同於一般的看法嗎？

哈：實際上沒有所謂的「美國原住民」。那個用語是在1990年代學術界傳開來的。當然啦，「美國印地安人」的說法也不正確。我們屬於各個不同的部族，在思想和本質上有些差異。我們散居於不同的地理位置上。但是，使我們團結一致的是我們跟美國的政治關係，以及我們對祖先、自己和子孫之間強有力的關聯的認知、我們和地球的動態關係這方面的瞭解，還有，一層層的現實所構成的這世間的認知。

我是受人愛戴的印第安領袖模那威（Monahwee）的第七代。模那威是1813-1814年紅棒戰爭（又稱克里克戰爭）中最大的印第安反動的領導人之一。我們的祖先為了留在家鄉而戰。傳說他是部族裡知道如何使時間屈服的少數人之一，他可以穿越直線性的時間，在平常人認為不可能的時刻內抵達目的地。在我們的部族裡，我們是以儀式程序的方式來瞭解時間，認為太陽、月亮及季節都有周期。

你這個問題實際上很廣大，正確的回答需要部族裡的天文學家和哲學家。身為一個詩人、音樂人和劇作人，我採用的題材當然離不開時間和空間。

謝：妳剛剛說過「一層層的現實所構成的這世間的認知。」妳能再解釋得更清楚嗎？

哈：每個文化都有這種層次的現實的地圖，只不過是，有些比較精緻而已。詩人、音樂家和其他藝術家以創意的手法從裡面，從外邊不同的角度處理這些層次的現實。我用「認知」這個字詞所要表達的是，比邏輯要來得廣泛深沉，帶有智慧的一種知識。

謝：那麼，印第安人對於人與自然之間的看法呢？

哈：這也是一個牽涉很廣的問題。同樣地，每個部族有不同的看法。我所要說的是自己的看法，而並不代表我部族的想法，因為我不是部族裡公認的發言人。我個人的瞭解是這樣的：地球也是一個人。我想，當你離開地球的大氣層，站在月球上頭，你就明瞭我的意思了。你就會把地球看作是一個人，而每個國家像是一個器官，水流像是血液，陸地像是身體。

謝：你認為，原住民的聲音在美國詩壇有什麼樣的獨特貢獻呢？

哈：原住民的聲音，基本上已經從美國的文學、歷史、藝術和科學等等領域中消失了。只有當我們穿戴著我們儀式專用的服飾、跳印地安舞以及騎著馬的時候，我們才被允許進入美國意識裡。我正著手一項名為「我們早就有爵士樂了」（We Were There When Jazz Was Invented）的音樂計畫，證明美國東南部印第安族的音樂，對美國這種獨特音樂的發展有關鍵性的作用。沒有我們的音樂，就不會有藍調的布魯士樂、爵士樂或搖滾樂。

謝：妳認為，當代美國原住民詩人所寫的詩，仍然帶有他們祖先感受到的痛苦和苦難嗎？

哈：讀一讀他們的詩就知道了。詩和藝術總是會背負著一個民族的精神。我想那包含許多世代以來的苦痛，以及歡樂。

謝：美國原住民的詩史中，有哪些最重要的人物呢？

哈：最好的方法，大概是按照部族來列名吧，因為族裡的歌曲作者就是公認的詩人。也有些原住民詩人成功地以書本呈現作品，受到所謂的「支配一切的文化」（也就是通常所謂的「美國文化」）所褒揚。我能想到的第一位這樣的詩人是屬於凱歐瓦族的模馬德（N. Scott Momaday）。他以小說聞名，曾經獲得普立茲獎。他是第一位贏得這種國家級獎賞的原住民。來自拉瓜納部落的女作家席友柯（Leslie Silko）也是一位優秀詩人，但同樣也以小說出名。其實，有好幾位原住民作家都屬於這一類：像歐吉卜威族的俄麗琦（Louise Erdrich）、和布拉費族的小說家威爾曲（James Welch）等。

以詩聞名的詩人則有阿科馬族的詩人歐堤斯（Simon Ortiz）、用多侯挪歐罕族保留區語言寫詩的女詩人哲波達（Ofelia Zepeda）、納瓦伙族的女詩人塔琶虹娑（Luci Tapahonso）和齊卡莎族的女詩人荷根（Linda Hogan）。來自納瓦伙族的畢祖儀（Sherwin Bitsui）是最年輕而出色的原住民裔詩人之一，另外一位是出生於阿拉斯加州伊努皮亞特族的年輕女詩人肯恩（Joan Kane）。

謝：妳曾經在一次訪談中說，當妳寫詩的時候，常常有一個年老的克里克族的印第安人的聲音引導著妳。那個聲音常常跟著妳嗎？多半是在妳的夢中發生的嗎？

哈：我相信，我們的天賦不是只有我們就能完全發揮的。天賦來自我們的祖先，來自我們繁複的人生中與其他人所培養出來的關係。我們把我們的靈魂、工作和活力加到天賦裡，而創造藝術。我父親的外祖父的名字叫亨利・馬爾歇・哈爾鳩。我時常有機會親近他。他喜歡文字。還有其他人也跟我有緣。有時候他們出現在我的夢裡，有時候他們突然就這麼出現了。

謝：妳是在什麼時期開始把詩和音樂結合起來的？

哈：我有生以來，聽到詩就聽到了音樂。我的詩常常是建構在節奏上的。我第一次嘗試這樣的結合是在1980年代中期，以「狂暴的光」（Furious Light）為標題發行出去的錄音帶。那時我還不會彈奏音樂，所以請幾位丹佛市最佳的樂手演奏。1992年我自己召集一個新樂團，名為「鳩怡・哈爾鳩和理想的因果報應」（Joy Harjo and Poetic Justice），同時開始學吹薩克斯風。我受到牙買加與音樂配合的即興詩（dub poetry）、詩人強森（Linton Kwesi Johnson）和自己擁有爵士樂團的美國女詩人科帖斯（Jayne Cortez）的影響。我曾在1970年代後期在荷蘭阿姆斯特丹看過強森表演。等到我的詩歌表演成熟後，就開始把我的歌唱灌入第二張詩歌唱片《真正的土著底喜悅》（*Native Joy for Real*）裡。現在我把詩與歌帶進劇院，而且還加上舞蹈。我的音樂劇「我們早就有爵士樂了」將包括傳統的穆斯科格族的舞蹈。

謝：有哪些詩人對妳的影響最大？

哈：我受過很多很多詩人的影響。你聽到的或讀到的，不管是什麼，都變成目錄捲筒的一部份。你或快或慢地總會受到影響。我深深受到這些詩人或者詩的影響：許多印地安部族的聖靈詩歌、印度歌詠神祇的《梨俱吠陀》經、聖經裡的雅歌（雖然我不是基督教徒）、狄更森（Emily Dickinson）、奈及利亞作家圖圖歐拉（Amos Tutuola）、烏干達詩人歐科匹德（Okot b'pitek）及他的經典作《拉威諾之歌》（*Song of Lawino*）。我也受過李白、聶魯達（Pablo Neruda）、瑞琪（Adrienne Rich）、肯內爾（Galway Kinnell）等等詩人的影響。還有，爵士薩克斯風樂手詩人柯川（John Coltrane）也是。

謝：馬，出現在妳許多首詩裡，甚至於在一本詩集的書名《她擁有過幾匹馬》。妳能談談馬對妳所代表的意義嗎？

哈：我是從我的祖先模那威，還有比他更早的人那裡，追尋與馬的關聯。就如同我在《她擁有過幾匹馬》那本詩集最新版本的序裡所說的：「有一次我往北開車的長途中，一匹馬來找我。我首先以古老而熟悉的氣味察覺到牠的存在，然後，當牠輕輕碰我一下時，記憶讓我突然開放，在我們周遭以及穿越我們的空間裡，卻不受直線型的時間或知覺所定義或限制的空間裡。那匹馬帶給我一系列的詩意，後來集結成冊，名為《她擁有過幾匹馬》。

後來又有了那匹名叫凱賽的馬出現。上回我喝過頭了是在波蘭的克拉科夫市一間叫作「無產階級」的酒吧裡。那是因為我和幾位來自玻利維亞印第安以及一位夏威夷的音樂家重逢，聯合演奏，而大家離家鄉都很遠。之後，陰暗的黎明中，我在旅館房間裡感到頭暈目眩時，凱賽出現了，牠顯得憂慮。牠擔心的是因為前一個「主人」正是死於酗酒併發症。我向牠保證那是不會發生的。果然沒有發生。馬，跟人一樣，是能夠改變或被改變的。馬可以是一道曙光，一堆沙，或者是瞬間的狂喜。牠在同一時間裡也可以都是這些東西。或者，馬也許什麼都不是，只不過是風的想像罷了。甚至，一群馬從一首歌飛奔到下一首，可以變成一本詩集。

謝：如果每一樣東西能轉變成別的東西，那麼為什麼馬成為這種超自然的沉思過程的載體呢？

哈：我們存活的這個世界大體而言是充滿著神秘的。分子之間的空間比我們所瞭解的宇宙隱藏著更多的神秘。誰知道我們每一個人為什麼著迷於某些事物？朝某一條路前進？我們有祖先遺傳下來的衝動，精神上的驅策，以及文化和社會的潮流。我不知道為什麼馬會來找我。我的好友，音樂教授馬丁（Barrett Martin）提醒我說，多侯挪歐罕族的印第安人相信，在我們這個神祕的世界裡，詩歌早已建構完成。你只需要把它們拉下來。

謝：有人說，詩是關於記憶。妳同意那樣的說法嗎？

哈：也許每一樣事物都是關於記憶。我剛剛打的一行字已經變成記憶了。詩，傳遞記憶，像記憶般地運轉。記憶就像水，流過人類經驗的地下道。詩就從這樣的地方出現。

謝：妳能談談一些自己最滿意的詩作嗎？

哈：我實在不喜歡談自己的詩。不過，對我來說，我最滿意的詩作有〈鷹之詩〉、〈也許世界終結在此〉、〈今晨我為敵人祈禱〉（This morning I pray for my enemies）、〈晝夜平分時〉（Equinox）、〈這是我心〉（This is my heart）、〈我們早就有爵士樂了〉以及〈給成長中的女孩〉（For a girl becoming）。

謝：妳有什麼讀寫方面的建議給初入詩的國度的人嗎？

哈：我的建議是這樣的：培養聽的藝術。領悟到你有許多對的耳朵。也許每一個細胞都有耳朵。對了，練習、練習、再練習。培養詩的心靈，感謝所有那些走在我們前面的人。

捕捉當下的經驗
——訪問英語俳句詩人荷若（Christopher Herold）

2011年年底，紐約市為了推動交通安全，在144個交通警戒牌上印了十二首內容互異的三行英語俳句，配上顏色鮮豔的簡單圖案，希望能吸引行人和駕駛者的注意。美國塔吉特（Target）百貨公司在折扣券小冊上這麼寫著：「以詩的折扣券大量購買吧」。裡頭盡是一些廣告詞，以「5-7-5」音節的英語俳句呈現。同時，許多主流報紙也舉辦了俳句比賽。俳句在美國？是的，沒錯。它正快速地擴散到社會各個生活層面。

其他許多個國家的情形也是如此。歐洲聯盟總統羅姆普義（Hermen van Rompuy）熱衷於俳句，還出版了一本荷蘭語的俳句選集《完全是俳句》（*Simply Haiku*）。他說：「我們這個時代需要簡樸。俳句是一種心靈上的覺醒，遠離專業官僚的純理性，遠離詭辯、刻意引人注意或光彩奪目的舉止。」

「俳聖」松尾芭蕉寫下他那首極為有名的俳句：「古池塘／青蛙跳入／水聲響」三百多年後的今天，在美國詩壇中，尤其是在網路上，正掀起英語俳句熱。這種形式簡短的文體，也許正迎合現代人忙碌的生活型態，不只讀的人多，寫的人也多，從小學生到老教授，從球迷到工程師。如此的大眾化，無意間解放了一些傳統的規範。英語俳句在美國可以說是從著名詩人龐德（Ezra Pound）開始的。1913年他寫下有名的〈在地鐵車站裡〉（In a station of the metro），經過兩次的修改，最後定稿為：

「人群中一張張臉孔的幻影／濕黑樹幹上片片的花瓣」（The apparition of these faces in the crowd;/Petals on a wet, black bough）。之後，許多美國詩人也跟著他嘗試這種精簡的俳句形式。

在美國一、二十個英文俳句的團體當中，「有季定型俳句協會」（Yuki Teikei Haiku Society）最鼓勵會員遵循傳統俳句的「5-7-5」音節的形式以及「季語」的應用。2011年9月我參加了他們一年一度，在幽雅的蒙特瑞半島海邊所舉行的靜修活動。在那裡我有機會和主持研討會的荷若（Christopher Herold）先生多次交談，深為他對英文俳句的精闢見解而感到印象深刻。他是有名的英文俳句雜誌《鷺巢》（*The Heron's Nest*）的創辦者之一，且兼首任主編長達八年。不久前，這本季刊被列為全美國最知名的三大俳句詩刊之一，除了網上出版外，也每年定期付印發行一期紙本版。

從1980年開始，荷若熱衷於俳句及其他相關的文體，如連句、俳文等。他的俳句出現在許多英語俳句的雜誌上，曾經得過兩次「美國俳句協會」（The Haiku Society of America）的獎賞。他不辭辛勞，到小學中學教學生們如何讀寫俳句，也在很多的會議場合裡介紹俳句。目前他總共出版了六本俳句選集。

他的詩直接來自當下的感覺和細膩的觀察，避免主觀，外表簡單，但細讀之下，卻隱隱透露出層層的發人深思和感動。他的詩的內涵給人的感覺是默思沉澱後的結果，富有心靈上的含意。他的一首膾炙人口的俳句是這樣的（摘自他的俳句選集《花園小徑》（*A Path in the Garden*）：「蜻蜓……／一連串的思維停止／在石雕佛陀上」。這種富有禪境的詩跟他年輕時即接觸禪，接觸佛教不無關係。雖然如此，他並不主張俳句和禪的必然關聯。他和太太每天仍然禪坐，把禪體現在現實生活上。

荷若在2010年出版的《內裡朝外》（*Inside Out*）詩集，所選入的俳句作品都影射著從內在到外表的變遷，或者反向的轉變，例如：「校對完了／我走到屋外／剪輯花園」、「電梯裡的沉默——／我們的眼睛脫逃／進入數字」、「來到墓園／我們進入柵欄／她放開我的手」。那本集子以這一首俳句結尾：「薄暮／沒有地方轉向／向日葵」。

荷若來自一個盡是藝術家的家庭，從小就受到鼓勵，跟著創作的感覺和衝動走。他與生具有敏銳的節奏感。在1970和1980年代，他也是一位相當有成就的打擊樂器手，曾經和傑出的吉他手卡希亞（Jerry Garcia）、胡克（John Lee Hooker）和窩可（T-Bone Walker）分別在同一個藍調、搖滾或爵士樂樂團裡演出。

最近我和荷若通信，邀請他以任何方式作一次訪談。他欣然答應在百忙中以電子郵件的方式接受訪問。問答往來數次後，訪談成形如下：

謝勳（以下簡稱謝）：首先，請問美國俳句界有多大？依你的估計，現在在美國英語俳句的讀者和作者大約有多少人？

荷若（以下簡稱荷）：我只能猜測。我知道，2011年在西方最大，也是持續最久的「美國俳句協會」大約有七百個會員。另外，美國還有許多獨立的全國性或區域性的俳句團體。我猜，認真不斷在寫英語俳句的美國人大約有1200位左右。

謝：你認為什麼因素使俳句近幾年來在美國頗受歡迎？

荷：我覺得，俳句會變得如此普遍，網路是最大的原因。千禧年之前，大多數美國俳句詩人訂閱並投稿到幾本印刷的詩刊，像《現代俳句》（*Modern Haiku*）、《蛙池》（*Frogpond*）和其他諸如《鷺巢》（*The Heron's Nest*）、《從南方向東南方》（*South by Southeast*）、《橡實》（*Acorn*）、《俳句標題》（*Haiku Headlines*）、《月步》（*GEPPO*）、《森林樂曲》（*Woodnotes*）、《蜂鳥》（*Hummingbird*）等詩刊。而現在，大多數人都有電腦，又常常上網，只要輸入「俳句」這樣的字眼，所得到的資料就足夠你浸淫幾個月甚或幾年。另一個主因則可追溯到幾位以俳句為生活重心的拓荒者。他們不辭辛勞，奉獻時間開課、創立詩刊或詩社，義務為大家為俳句而付出。

謝：能不能請你解釋，現在的英文俳句和日本俳句之間有什麼相似以及不同的地方？

荷：很明顯的是，這兩種語言和文化都大不相同。就外表形式來說，日語的音標文字的長度一致，而英語的一個音節可以簡短如it，也可以冗長如scroll。因此，我們發現，英語俳句通常大約要比日語俳句少三至五個音節。還有，英文利用斷行符號或標點符號，而日文至少用十八個助詞或助動詞達到斷句的效果。

文化上也有很大差別。俳句搭上大眾對禪的興趣的便車而進入美國。因此，許多早期的英語俳句的作者認為，禪的看法就是達到俳句經驗的必要途徑。這種禪的議題的爭論只發生在西方。大多數日本人並不會把俳句聯想到禪。這種文化觀的差別一直到最近十年左右才減低。最近，我們比較前衛的詩人迷戀現代俳句。這種新軌道大半要歸因於吉爾博（Richard Gilbert）那一本描述現代日本俳句界流行的運動，具有開拓性的書《意識之詩》（*Poems of Consciousness*）。另一個差別是，日本俳句中擬人化相當普遍，而西方較資深的俳句詩人通常的想法是，擬人化脫離傳統的俳句原則，我們應當忠實地呈現現實，避免作明顯的比較。

至於相似的地方，我相信是很多的。在東西方，採用暗示的手法帶領讀者進入詩中本質的情感或情緒，仍然都是很重要的特徵。詩人所提供的意象意味著他（或她）的情感或情緒狀態。透過這些意象，讀者感受到詩人的感覺，從而以個人經驗來理解。

謝：俳句如何影響了美國的主流詩壇？

荷：我認為俳句在這方面的影響不大。雖然主流詩壇中有名望的詩人像柯林斯（Billy Collins，參見〈揭開詩的迷霧——幽默詩人柯林斯〉）、哈摩（Sam Hamill）、寇緬（Cid Corman）、蒂蒲麗瑪（Diane DiPrima）、馬克琉（Michael McClure）、散費爾德（Steve Sanfield）和散伽絲（Sonia Sanchez）等人都曾涉獵過俳句，但並沒有如我們所期望的，讓俳句傳佈到其他主流詩人。當然啦，俳句剛進入美國時，著名詩人克魯亞克（Jack Kerouac）和史耐德（Gary Snyder；參見〈荒野的實踐——有關詩人史耐德的紀錄片〉）使俳句出了名，但他們最大的影響反而是在禪的領域。

謝：你能談談如何對俳句產生興趣的？

荷：我知道有俳句這回事是1968年在加州的塔薩哈拉禪寺裡。我無意中寫了一首俳句，自己還不知道。我經歷了一次很震憾的經驗，所以就把那些意象記下來，和住持布朗和尚分享。他說：「好一首俳句啊！」我回答說：「俳句是什麼啊？」我對俳句真的發生興趣是在1980年，一位出版界朋友讀了我幾首俳句，想要為我出書。於是，我創作的慾望大增，再寫了一百多首。我偶然買到哈克特（J.W. Hackett）的書《禪俳句與禪詩》（*Zen Haiku and Other Zen Poems*），而深受激發。那本書對我寫俳句的方向影響很大。很巧，他就住在我同一個鄉村小鎮裡。我們變成好朋友。另一位良師益友雷康特（David LeCount）也住在同一鎮裡。到1990年，我才獲悉在美國有一個俳句團體叫「美國俳句協會」。它有一個舊金山分會。於是，我開始參加定期的聚會。之後，我便完全著迷於俳句了。

謝：你曾經是很有影響力的鈴木俊隆禪師的學生。你是如何接近禪的？那樣的經驗如何影響你寫英語俳句？

荷：我發現禪是經由我高中女朋友的母親。她邀請鈴木禪師到家裡帶領打坐並講經，每星期一次。她的錄音後來變成那本經典之作《禪者的初心》（*Zen Mind, Beginner's Mind*）。那時我才19歲。她借我幾本有關禪方面的書。不久，我開始隨著他們打坐。隔年，我得到鈴木禪師和裾分禪師的允許，參加塔薩哈拉禪寺的精進課程。我就是在那裡寫下第一首俳句。禪的修行很難，但幫助我慢下來，活在當下，而讓我隨時領會周遭發生的事。俳句經驗也是如此。不過，俳句還有一個要素，那就是尋找字詞來表達感受到的經驗。相反地，禪坐時我們希望，流進來的言語就讓它們流出去，不讓擁有的慾望成為障礙。

因為禪我懂得欣賞事物的本質，而不評估或比較。當我用字詞寫俳句時，我想直接指向使我感動而寫作的意象，指向我的經驗帶來的獨特的詩意。學禪也教我不要匆忙。我發現，當我寫俳句時，最有力的作品是在給予經驗足夠時間在心裡沉澱後，才從容拿起紙和筆的情況下產生的。這沉思過程中，多餘的字眼消失了，留下最能傳達經驗的字詞。等到那時候，我才動筆。

謝：當年你創立《鷺巢》詩刊時，你的願景是什麼？

荷：1998年夏天，班內笛特（Alex Benedict）和我創辦《鷺巢》時，我們想展示的是最高品質的俳句，兼備優良的傳統和現代溝通的方法。我長期以來感覺俳句團體各自分立，所以想出一個標語：「傳統與創新交會互補」。傳統主義者嚴守日本慣例，常常過於僵化。如果你把俳句瞬間的靈感看作是一支圓釘子，那麼緊緊抓住慣例就像是硬要把圓釘子塞進正方形的洞裡，通常結果是笨拙的語法，失去原創靈感的活力。相反地，一些所謂現代俳句詩人過分輕易地拋棄規則。結果是，詩人的藝術變得比傳達經驗重要。

我認為，最有效的方法是尊重傳統，但輕輕掌握它，讓經驗決定該用什麼字或是什麼形式來表達。這是禪修如何影響我寫俳句的方法的例子之一。我奉行佛家所說的「中道」。

謝：1970和1980年代，你從事音樂生涯，成為一名鼓手。那樣的經驗使你的書寫俳句更豐富嗎？請你談一談。

荷：即使在俳句這種短詩裡，還是有音樂性的。我相信，我天生的音感很強，特別是韻律方面。也因此，我走上音樂這一途似乎是必然的。我對韻律的感覺也運用到俳句的創作。假設一首俳句的節奏很彆扭，帶有齒擦音或者刺耳的子音韻，像太多「s」的聲音，某些字連起來讀不好發音，或者有一行特別的長，這些都該避免。當我們讀俳句時，首先遭遇的便是它的音色。節奏或旋律上的缺陷就像是跳舞時錯亂的拍子，會使讀者失去信心，因而不再繼續讀下去。

謝：身為詩人和音樂家，你能更具體地談談俳句的音樂性，尤其是節奏方面嗎？

荷：就如同烹調時用的佐料，太不注意聲音品質的話常常會使俳句單調乏味，而太注重了又會把詩人原先的經驗淡化了。恰當應用頭韻、擬聲語或押韻能為一首詩加分，使讀者繼續讀下去。節奏當然是很重要。我發現，在俳句裡，每一行如果有三個重音節就顯得太多了。當然啦，這多少是主觀的。

謝：依你的看法，哪些特質才能構成一首好的俳句呢？

荷：我想，最吸引我的俳句總是善用清晰而具體的意象。好詩不是只有陳述，不會很明顯地將兩種事物作比較、作價值判斷或者作人性以外的擬人化。詩人只要給我們成分，不需要解釋或技巧。讀者的分內事是去連結那些成分，而發掘出那些激發詩人寫作的感覺或感情。最好的俳句會對著我們的頭腦，我們的感覺，再來就是我們的內心呼喚。它們從當下向我們招手——唯有當下生命才存在。我也比較喜歡讀到有季語的俳句，因為它們把我擺在出生、成長、成熟和死亡的整個循環中的某一點。找到在短暫生命中的一個點讓我覺得，和其他眾生一樣，能與整個不間斷的宇宙過程自然地接軌。

謝：你如何做好準備，以文字去捕捉瞬間的本質，而不會因為受擾而失去那種感覺或感情？

荷：說到底，準備不外是對自己承諾，變得更有知覺。對我而言，根本的方法就是打坐；但冥想在我們從蒲團站起來之後還應當持續著。當我突然感受到一種聯接上的直覺而想寫俳句，我不會立刻去找筆和紙。我會跟隨著當下再多待一些時候。我力求淨化，如果馬上就寫，我會很容易依戀寫在紙上的字詞。當我等候多一點時間，不重要的字自然消失，留下最能概括當下的文字。於是，我才開始動筆。

不過，我有時候感受到不止一個領悟。也許是在林中或河邊走路的時候，我感受到幾個俳句瞬間。那種情況下，我會拿出紙和筆，但不是寫下俳句，只是很簡短的筆記，記下引發那些經驗的意象。之後，筆記帶我回到原來的那個片刻。我會一個接一個地徘徊，消化，然後寫下來。不管如何，重要的是，避免不耐煩而寫得太早，而一旦開始寫詩，就不輕易把筆放下得太早。

謝：如果俳句的用意在於捕捉當下，那麼稿子修飾的過程會干擾或扭曲原來的經驗或啓示嗎？

荷：最重要，也是最困難的是不要失去最初的經驗。寫俳句幾乎永遠是一種折衷，但堅守那當下的感受是非常重要的。如果我們犧牲了感受的原貌，一首外表美妙的俳句也許產生了，但那只不過是一種對形式的推崇，而非對洞察力的尊敬。有些詩人變得公式化，製作優美但卻是空的殼子；而忠於初始經驗的詩人的創作或許比較粗糙，但富有活力。

謝：你能不能列出一些當今美國最具影響力的英語俳句詩人？

荷：在我覺得是高明老練而又具有相當影響力的詩人當中，我喜歡哈爾（Carolyn Hall）、克禧安（Jim Kacian）、史帝文生（John Stevenson）、卞沃斯（Francine Banwarth）、范登霍依維爾（Cor van den Heuvel）、羅森挪（Ce Rosenow）、尤賦（Peter Yovu）、雅蘿（Ruth Yarrow）、瑪可米樂（Patricia Macmiller）和博爾（Jerry Ball，參見〈以詩為己志——訪問舊金山灣區詩人博爾〉）。

謝：你認為美國的英語俳句將來會變成怎樣的面貌？

荷：也許最重要的是，網絡和部落格使大眾容易接近俳句。即使對俳句只是一時感興趣的任何人也可以上網搜尋，找到許多報導、討論、批評俳句以及它與其他藝術配合的網址。自從網絡網際出現以來，大量新的俳句詩人嘗試這種詩體並在網上定期發表。越來越多學者產生興趣。甚至主流詩人也勉強對俳句投以好奇的眼光。

我相信，新詩人、資源和新方向激增的結果是，促成英語俳句的傳統基礎有逐漸消失的風險。幸好有一個總部設在加州聖荷西，會員包括來自不同國家的「有季定型俳句協會」努力固守傳統價值，讓通往俳句最基本和深奧的禮物的管道繼續存在。就我所知，沒有任何其他英語俳句的團體採取如此的立場。不過，我希望將來會有更多像這樣的團體。維持一個流暢地通往我們的根的管道是很重要的。

謝：你有什麼建議可以給未來的英語俳句的讀者作為指點呢？

荷：我的建議是，一次只讀幾首，每一首逗留長一點時間。當你發現一首特別令你滿意的詩的時候，最好再回去讀它，仔細地讀，問自己什麼地方使它那麼吸引你。我也建議閱讀布萊斯（R.H. Blyth）和韓德森（Harold Henderson）的翻譯和評註，尤其是布萊斯的。其他值得讀的俳句論述有格卡（Lee Gurga）的《詩人的俳句指南》（*Haiku, A Poet's Guide*）和希金森（William J. Higginson）的《俳句手冊——如何寫、教和欣賞俳句》（*The Haiku Handbook: How to write, teach, and appreciate haiku*）。還有許多其他學術性的文章，以及不同譯者翻的日本俳句詩人的作品。我也推薦前面提過的范登霍依維爾的《俳句詩集》（*The Haiku Anthology*）。總之，讀得越多，討論越多的話，我們越能欣賞享受這個特別的文體。

謝：**最後，你有什麼建議給那些剛出道的俳句詩人？**

荷：能找到一個互助小組，面對面討論你的詩作會很有幫助。或者，參加網上連線的俳句討論。還有，就如我剛說過的，從不同來源盡你所能地讀俳句。這是發覺什麼事給你靈感，而什麼事你該避免的最好方法。我想引用博學的俳句學者兼翻譯者布萊斯的一句話作結束：「我們活著，所以某種程度上我們都是詩人。」

謝：**謝謝你做了一場清晰而有趣的訪談。**

詩朗讀

詩壇的長青樹

——詩人庫尼茨（Stanley Kunitz）

2003年心理學家考夫曼調查了將近兩千位已逝的作家，發現詩人似乎比其他文類的作家要來得短命些。這種抽樣調查的結論，總是值得商榷的。在美國，2007年過世，活到將近101歲的桂冠詩人庫尼茨（Stanley Kunitz），就是一個反駁如此說法的最好例證。他不但長壽，而且長保詩心，創作力更是連綿不斷。他95歲時，出了第十二本詩集；過世前一年，還出版他的最後一本著作《野穗》（*The Wild Braid: A Poet Reflects on a Century in the Garden*），回顧他一生的兩樣最愛：詩和花園。他認為自己是個農夫，耕種土地時，見證自然的生生死死，覺得很踏實。他到95歲時還在耕耘一大片花園。

在庫尼茨出生前六個星期，父親因破產而在公園裡自殺。這件事始終是他母親的最痛，也使得父親成為家中禁忌的話題。他曾經在〈肖像〉（Portrait）那首詩裡這樣寫著：「她把父親的名字／鎖在幽深的櫃子裡／不讓他外出／我還是聽到他的敲聲／當我走下閣樓／拿著那位嘴唇長長／八字鬚壯觀／眼睛深褐色又穩健的／陌生人的蠟筆畫／她把那幀畫撕破／連話也沒說／一巴掌就給我／六十多年了／我的臉頰依然感受／那一記的火熱」。

雖然庫尼茨的幼年遭遇坎坷，母親卻毅然扛起家計的重擔，扶養三個兒女成長。他從小就喜歡玩文字，常常一個人跑到野外，大聲朗讀那些好聽的字句。加上家裡藏書又多，他很早就萌生了以文字維生的念頭。在哈佛大學就學期間，他一直名列前矛，拿到學士和碩士學位後，曾經做過記者、編輯及自由作家。大戰結束後，他才開始了多年的教書生涯。

庫尼茨年輕時知性十足，晦澀而帶形而上的詩風，到了壯年後轉化為帶有強烈個人色彩，又直接明朗的敘事手法，而且不特意講求韻律。他漸漸趨向於簡單而濃烈的筆法，就是他所謂的「將詩中的水分抽離」。有時，他的抒情詩極富感情。他寫給太太的情詩〈摸我〉（Touch me）如此起頭：「我的心，夏日將盡／四十多年前／我愛得瘋狂／言詞摘自空中……」，而末段是這樣結束的：「讓那垂老的柳樹拍打著玻璃窗／讓屋子的舊橫樑吱吱作響／親愛的，記得跟妳結婚的那個男人嗎？／摸摸我，好提醒我自己是誰」。

這位從小詩作不斷的詩人認為，一首詩隱遁在一個人心靈深沉的內裡，時而包藏著生命中渾然的關鍵意象。當新近的某些經歷觸動這萌芽中的詩，那些意象忽然開豁；於是，創作的火花一下子就點燃起來。他說：「我們並不只活在當下，從有意識開始，我們活在一生整個的歷史裡頭。」這樣的寫詩態度，使他的詩中瀰漫著人生的哲理。他也說過：「透過詩，隱藏的自我得以發現。」他一直認為，喜歡玩文字、愛好節奏、製作意象、講故事和建造形式都是人類的特質。他也深信，人人都有詩心；沒有寫詩，是因為教育體制抹殺了感覺，再加上，害怕曝露了內心意識後被人恥笑。

修長的庫尼茨朗讀詩的時候，就如同他的為人，不偏不頗，不疾不徐，富有韻律，而且咬音清楚。即使最後幾年，常在電視上或電台裡朗誦，他也都非常鄭重其事。在很有名的一首詩〈層次迭變的人生〉（The layers）裡，他傾訴摯愛的親友相繼消失後的慨嘆，道出自己需要重新凝聚力量，往前走新的一條路：

「我走過人生幾回／有些是自己的／現在的我已不再如往日／雖然有些生命的道理仍留駐／讓我不致迷失／當我回顧／需要凝聚力量再上路／……／一道祥雲般的聲音指引著我／『活在一瓣瓣人生的層次裡／別在雜蕪中漫遊』／我雖然無法解讀這個謎／無疑，我生命轉化的下一章已經書寫完畢／我的蛻變還會繼續下去」這首詩是他在夢中，一個來自雲間的聲音給他靈感的。夢，成了他許多首詩的泉源。

許多人認為，庫尼茨詩中的象徵意義，受到分析心理學大師榮格（Carl Jung）的影響至深，而他自己也影響了很多二十世紀的詩人，包括美國桂冠詩人哈斯（Robert Haas）和格呂克（Louise Gluck）以及有名的女詩人普拉斯（Sylvia Plath）等人。他在紐約發起「詩人之家」，並在麻州成立了免費讓年輕的作家、藝術家駐留的「美術工作中心」。

在美國，國家桂冠詩人頭銜的前身，是國會圖書館詩歌顧問。庫尼茨被指派過兩任的顧問，後來以九五高齡再次擔任一年的國家桂冠詩人。他過世時，許多觀察家認為，他在當時美國詩壇的成就最為卓越高超，總共出版了十三本詩集，也寫了不少的散文，並翻譯過許多蘇俄詩人的作品。庫尼茨一生獲得的榮譽，包括普立茲獎、美國國家圖書獎、國家藝術獎章及有名的柏靈根詩歌獎，可以說囊括了一個美國詩人，所能贏得的所有獎賞。

荒野的實踐

——有關詩人史耐德（Gary Snyder）的紀錄片

創立於1957年的舊金山國際電影節，2010年是第五十三屆。它是美國歷史悠久，備受敬重的電影節之一。這次的節目推出了一部相當特別的紀錄片，片名叫作《荒野的實踐》（*The Practice of the Wild*）。那是根據美國名詩人蓋瑞・史耐德（Gary Snyder）的同名散文集，由美國報業鉅子赫斯特的後裔出資製作，在加州中谷一個牧場所拍攝的一部紀錄片。集詩人與小說家於一身的哈理森（Jim Harrison）從年輕時期就和史耐德交往甚深。他們兩人在片中有深入的對談，同時並穿插著其他四個人（包括史耐德的前妻）的談論和回憶，以及一些相關的史料。史耐德還朗讀了他的六首舊作。5月3日和5日這兩天，《荒野的實踐》在舊金山日本城的歌舞伎電影院首映。史耐德出現在首場中，並回答觀眾的現場提問。將近兩百個座位的劇院，兩場都爆滿。像這樣有關詩人的紀錄片，在商業電影院公演，而且竟然有一票難求的現象實屬難得一見。過去，有許多年輕人，包括這次國際影展的主持人在內，因為受了史耐德的寫作感動而遷居到美國西部。

史耐德從小對於周遭及外界的事物都極感興趣，包括迥異於他自身所熟悉的文化在內。他來自於一個傾向社會主義的勞工階級家庭，年幼時，在華盛頓州住過十年，對於附近一帶的印地安人，以及他們傳統文化中，對待自然的態度產生了興趣，因而影響了他日後的自然觀。這種對於異域文化，尤其是非白人文化的好奇心與欣賞，驅使他在里德學院拿到了人類學及文學的雙學士學位。

有人感到很好奇，他是如何對佛教和東方文化產生興趣的。史耐德笑著說，七歲時，家裡有一隻寵物死了，他問教堂主日學校的老師，以後他是否能在天堂再見到那隻動物。當老師斬釘截鐵地告訴他不可能的時候，他非常地失望，而期望能從其他宗教或文化裡尋找到答案。那股渴望與好奇心在他第一次看到一幅中國山水畫時，變成了一種終身的追求。他感受到中國文化裡對非人類（動植物及山水）的尊重。他認為，非人類也有等同人類的「重量」；對他來說，荒野中的每一塊岩石都是獨特的。他天生散發著一種寧靜的氣質。就是這種氣質，加上他對東方哲學的實踐以及文學的浸淫，啟發了許多人也嘗試從自己的內在生命世界，去尋求寧靜。史耐德年輕時閱讀了不少鈴木大拙的著作，對禪宗發生興趣，因而前往加州大學柏克萊分校的研究所學習東方文化和語言，跟隨陳世驤教授研究唐詩，後來還將唐朝有名的僧人寒山的24首詩翻成了英文並出書，震撼了當時美國的漢語界。之後，他更加專注投入，前往日本實地修禪，每天穿著和服打坐五小時，經過長期睡眠很短、食物不足的磨練，一待竟然就是10年。

他的前妻，也是詩人凱戈（Joanne Kyger）說，史耐德堅守信念，相信因果報應，包括我們人類對自然的行為將帶來的後果。中國和日本文化對他的影響到現在仍然深遠。在〈等車子來接〉（Waiting for a ride）那首詩中所描述的生活態度正可以看出：「今年滿月落在十月二日／我吃了月餅，夜宿露天平台上／白色月光穿透松木的樹枝／貓頭鷹咕咕，鹿角嘎嘎響／…… 也許我會，未來／很久的未來，走在天空的靈魂道上／很長的路途，進入／那『中陰』[1]狹窄困難的走廊／緊緊抱住你的頭顱／你又要／等候別人來接引」。

史耐德和「敲打世代」（Beat generation）的作家有很深的緣份，雖然他並不自認為是「敲打世代」的一員。他和那一群人當中有名的克魯亞克（Jack Kerouac）、金斯堡（Allen Ginsberg）以及馬克琉（Michael McClure）交往頗深。根據同是詩人的馬克琉說，1955年金斯堡首次朗讀那一首名詩〈嚎叫〉（Howl）的當晚，史耐德所朗誦的生態詩〈草莓祭〉（A berry feast）更令人感動，覺得人與生態的關係應該是和諧而非對立的。難怪另一個「敲打世代」詩人弗林格堤（Lawrence Ferlinghetti；參見〈把詩留在舊金山（下）——訪問「城市之光」創辦人及詩人弗林格堤〉）將史耐德比作那一群作家當中的梭羅。

他透過精讀所累積的知識是多樣的，他的人生體驗也是多樣的。在成長過程中，史耐德做過野營顧問、木材定標員、防火哨員以及開路工等等，早年還當過水手，當時對於高度消費的文化就已經開始產生質疑。在記錄片裡，他朗讀了一首名為〈石油〉（Oil）的詩作，抒發他當年在一艘輪船上工作時的省思：「柔軟的風雨頓時大了起來／小笠原群島南方的深夜，光／從空無一人的餐廳／投下絞車和導索器／龐大的影子／在我站著的傾斜的船尾上／／機房裡的看守／舵輪手以及船頭的崗哨環顧四周／船員沉睡在／甲板的帆布床裡或／有節奏聲的通道底下的／狹窄的鐵床鋪裡／／以火爐的心臟／蒸氣的血管和銅的神經／油輪顫動，微微曲行但總是往前進／船身緩緩地顛簸／腳下輪機深沉地振動／／承載著／那些狂熱而耽溺的國家的需求：／鋼鐵板與

[1] 「中陰」在藏文中稱為Bardo，是指「一個情境的完成」和「另一個情境的開始」之間的過度。

／石油的長期注射」。

這位獲獎連連的詩人寫詩時力求語言的簡單、直接與天人合一的情懷。他的風格恬淡，不追求華麗的修飾，但以形式多樣著稱。他把詩看作是學習生活在這世間的實踐，總是樸實地把所體驗的自然景象鋪陳在讀者的面前，讓人進入靜心的境界，就像〈八月中在酸麥山瞭望台上〉（Mid-August at Sourdough Mountain Lookout）這首詩裡所說的：「山谷裡薄霧一片／五日綿雨後三天暑熱／冷杉的球果上樹脂發亮／越過岩石草地／新出現了成群的飛蟲／某時候讀過的東西記不起來了／有幾個朋友，但他們住城裡／從錫杯喝那冰冷的雪水／俯瞰山下千哩／穿過高爽平靜的空氣」。他開啟了美國詩壇的新一章 —— 深層生態詩，而被封為深層生態的桂冠詩人。他許多首詩（包括1975年獲得普立茲詩作獎，當時售出十多萬本的詩集《龜島》（*Turtle Island*））和那一本有名的生態散文集《荒野的實踐》（*The Practice of the Wild*）影響了無數人以及大學界對環境生態的看法。龜島是美國印地安人對北美洲大陸的稱呼。史耐德認為，鑿刀、手推車、彎曲的鐵釘和吱吱響的門都能使我們明白事物的本質。我們對居住環境的周圍應該多加觀察留意，多作有責任心的思考。他的詩充滿了返璞歸真的感情，個人對荒野大地的認同與尊重，實踐於自身的生活中。1968年從日本回國後不久，史耐德在加州東北部的內華達山脈深入的小丘上建造了一個頗有日本風格的房子，整個建築裡沒有電力，也沒有電話，到現在甚至連谷歌地圖（Google map）也找不到那個地方。

另一首詩〈致萬物〉（For all）也抒發了他對荒野大地的熱愛：「啊，活著／在這九月中的黎明／涉水走過溪流／打赤腳，捲起褲管／提著長筒鞋，扛著背包／陽光和淺灘上的冰／在北落磯山脈裡／／冰冷的溪水潺潺，閃爍／腳下踩的小石滑轉，硬如凍僵的腳趾／冰冷的鼻子在滴水／而心裡在歌頌／溪流的低吟，內心的樂曲／砂礫上太陽的芬芳／／我宣誓效忠／／我宣誓效忠於／龜島這塊土地／效忠於居住上面的眾生／一個生態系統裡／形形色色的／在陽光下／快樂地相融」。

在〈致孩子們〉（For the children）這首詩裡，史耐德對珍惜萬物生態的寄望是世世代代的：「繁複層疊／上揚的山丘斜坡／展現在我們眼前／每樣事物／陡峭的攀升／總是愈來愈高／當我們往下走時／／下一世紀／或者再下一世紀／他們說／就是山谷草原／我們相會在那裡，平安無事／如果我們到得了的話／／想攀爬那些山頂／我有句話贈你／贈你及你的兒女：／／同心共患難／認識周遭的野花／輕裝自在」。

史耐德曾於1984年訪問中國，1990年訪問台灣。〈空中獼猴〉（Macaques in the sky）一詩所描寫的就是，台灣之旅中，他在南仁湖看見獼猴的感觸；而〈台灣紅檜〉（Kisiabaton）則是遊阿里山的記錄。他從1986年開始受聘在加州大學戴維斯分校任教，現為名譽教授。他當過美國詩人學會（Academy of American Poets）2003年的理事，總共著有十八本詩集和散文集，把東方文化及佛教的看法引進美國，摻入印第安人的自然觀點以及美國西部的景觀。直到今天，他還是時常找時間打坐，把所思所見記入筆記本裡，作為將來寫作的參考。2010年5月初史耐德剛過完八十歲生日，卻仍然持有極度強烈的好奇心，又要開始深居簡出，同時著手進行寫兩本書，繼續他活力充沛的生活及創作的步調。

與自然對話
——記奧麗佛（Mary Oliver）詩朗讀之夜

2011年的10月12日，一個秋涼的夜晚，廣受歡迎，曾獲得普立茲詩歌獎及全國圖書獎等重要獎項的美國女詩人瑪麗・奧麗佛（Mary Oliver）再度走上享譽盛名的赫布斯特劇院的舞台朗讀她的詩篇，為舊金山灣區的詩壇掀起一陣熱潮。

奧麗佛深受梭羅（Henry Thoreau）和惠特曼（Walt Whitman）的影響，崇尚熱愛自然。她每天漫步悠遊在住家附近的叢林小徑間，汲取詩的靈感，在隨身攜帶的小筆記本上，醞釀出源源不絕來自大自然的，有關動植物的詩作。她的作品含有深沉內在的省思，更有對生命感悟的喜悅。美國桂冠詩人庫敏（Maxine Kumin，參見〈我的心，我的手，都歸屬於泥土——訪問詩人庫敏〉）稱她為「濕地的巡邏員，就像梭羅是暴風雪的觀察員一樣。」奧麗佛總是勾勒出大自然裡人們感到陌生的方面，而且也讓讀者因此受到激勵。

從14歲就開始寫詩，奧麗佛曾經在〈當死亡來臨〉（When death comes）這首詩裡這麼說：「當大限過了，我要說：一生中／我是嫁給驚奇的新娘／我也是把這世界挽入懷裡的新郎」。她的創作的質與量驚人，每一兩年就出新書，到目前為止已經出版了29本詩集。奧麗佛得獎無數，包括1984年的普立茲獎。她也出版了兩本很受歡迎的詩論集：《詩的手冊》（*A Poetry Handbook*）和《舞蹈的法則——讀寫韻文的手冊》（*Rules for the Dance: A Handbook for Writing and Reading Metrical Verse*）。

〈當我身在林木間〉（When I am among the trees）是她在這一場爆滿的朗讀會中的開場白：「當我身在林木間／特別是柳樹和皂莢樹／山毛櫸、橡木與松樹也一樣／釋放出喜悅的氣息／我幾乎想說，它們每天救了我／我的願望這麼遙遠／那裡有善良和敏銳／從來不必匆忙走過這一生／而是慢慢走，不時地鞠躬／周圍的樹木擺動葉子／呼喚著：停一會吧／光線流過枝枒間／樹木又再叮嚀：很單純／你到這世界來也該／如此輕鬆，充滿著／光，而且發亮」奧麗佛朗讀著自己的詩作，並頻頻鞠躬。

接著，她讀了散文詩：〈豆莢〉（Beans）。中間有這麼一段的流水行雲：「……有時我在想：當我從一排排的豆莢走過，冥冥中有個無名的造化，看護著我，默許它們以生之禮，滋長我的生命。……」奧麗佛擅長透過詩與讀者對話，例如她很受歡迎的一首詩〈野雁〉（Wild geese），幾乎在每一場朗誦會裡都被一再點讀。當她讀到「……傾訴你的失望，我就告訴你我的灰心」的時候，總會有人開始接著唱和：「而世界依然持續／而太陽和清澈的雨的小圓石／依然從風景掠過……／而野雁，高高在晴朗的藍天／也依然朝歸路飛行／不論你是誰／不管你多寂寞／這世界獻身給你的想像／呼喚你，就像野雁的叫聲／刺耳卻令人興奮，不斷地宣佈／你在萬物中的位置」。她寫了無數首以植物為題的作品，出版了《鳶尾藍：詩與散文》（*Blue Iris: Poems and Essays*）這本書。〈豆莢〉就是其中的一首詩。在這場朗讀會裡，她又讀了詩集中另一首〈鳶尾藍和一首詩〉（Blue iris and a poem）。在詩中有著她與風的對話：「……『妳在做什麼？』風耳語著／在窗外稍停，擠成一團／我對著它銀色的面龐和注視，回答說，再給我一點時間，你也知道，這不是突然就發生的。／『不是嗎？』風說著，頓時展開，釋放鳶尾藍的精華／

我心唯恐不能成為那久已期盼的／清空而純潔，靜候而無言的花床」就如在許多其他的詩作裡一樣，她總慣於和自然對話，且既富哲理，又那麼地感性。

然後，她朗讀了一首新作〈我走到海邊〉（I go down to the shore）：「早晨我走到海邊／看是什麼時間／有時漲潮，有時退潮／我說心情不好／我將……／我該做什麼？海回答／以那可愛的聲音／抱歉，我有事要做」聽眾席上立刻傳來陣陣朗朗的笑聲。

奧麗佛也常藉由動物發揮詩情，並收集整理這類的詩作，出版了詩集《貓頭鷹和其他幻想》（*Owls and Other Fantasies*）。〈蟾蜍〉（Toad）就是這樣的一首散文詩：「……我開始談天，談夏日，談時間。吃東西的樂趣，夜的恐怖。還有，關於這個我們稱為人生的杯子。關於幸福。陽光灑在肩胛骨間的暖和是多麼的舒服。……我說，身高五尺，我的頭圍繞著藍天。我問，牠那麼親近塵土，這世界會像是什麼樣子／牠或許曾經是佛——不動，不眨眼，不皺眉頭；當言語精煉過的苦悶穿過牠時，那對金邊的眼睛毫不落淚」說到佛陀，她曾經是個佛教徒，在好幾首詩篇中，談及佛陀，並闡釋她對佛教的領悟。

這一晚，另有一首關於動物且感人肺腑的詩叫作〈紅色〉（Red）：「……我想看／灰狐／我終於找到了／他躺在公路上／正唱著／死亡之歌／我蹲下去／把他抱起來／放在田野裡／而車流不斷／我看到／他身體微微起伏／看到血流／永別了，我說／對著他眼睛的光亮／而車流仍然不斷／兩天後的早晨／我又發現一隻／她也躺在公路上／正唱著／死亡之歌／我蹲下去／把她抱起來／放在田野裡／她身體微微起伏／一下子灰色／一下子紅色／而車流不斷／而車流不斷／灰狐啊，灰狐／紅色，紅色，紅色」。

奧麗佛從未完成大學學業，卻擔任過數所大學的寫作教授，並獲得三所大學的榮譽博士。她出版了29本詩集和5本散文集。紐約時報認為，她是最暢銷的美國詩人之一。

她十分同情美國印第安人，也承認自己是個環保主義者。這一天晚上，她朗讀了一首這方面的詩〈特昆蘇〉（Tecumseh）。詩名指的是一位美國肖尼族印第安人酋長的名字，他發起反對白人的起義，後來在加拿大的泰晤士一役中不幸戰亡。那首詩的頭尾兩段是這樣起始的：「我不久前走到／梅德河的柳樹下／跪著喝那變皺的河水／……／特昆蘇住過這裡／過往的傷痛／被忽略卻縈繞不去／像雨後鉤在枯黃樹枝上的垃圾／報紙和塑膠袋／……／也許他的族人在夜的黑葉中到來／把他的屍體拖到一個秘密的墳裡／或者他又投胎成小男孩／跳入一葉樺樹的扁舟／划向河流那頭的家鄉／不管怎樣，我確信，我們見到他時深知／他依然是／如此地氣憤」。柳樹是奧麗佛常在詩中引用的植物之一。

〈太陽〉（The sun）是一首三十六行卻只是一句的詩。奧麗佛一口氣讀完，讓聽眾感受到特有的一種力量。接著，她讀了一首總共有七節的長詩〈有時〉（Sometimes）。第一節有「……我不知道神是什麼／我不知道死是什麼／可我相信他們之間／有某種熱誠而又必然的安排」這樣訴之天意的看法。第二節是短短兩行「有時／憂傷使我屏息」。第四節哲理瀰漫：「好好過日子的指南：／多用心／感受驚訝／分享經驗」。最後則是以「雨後，我回到向日葵的田野／涼爽使我清醒／我徐徐步行，聆聽／／瘋狂的根部在溼透的土壤裡發笑，成長」作結尾。

奧麗佛對於自然和生命的奇妙，往往持有一種謙虛而敬仰的態度。這可以再從另一首詩〈神秘，是的〉（Mysteries, yes）察覺出來：「神秘，是的／真的，我們與神秘相處／令人驚異到無法瞭解／青草如何滋養／在羊的嘴裡／河流與石頭如何／永遠忠貞於地心引力／而我們卻夢想著上升／兩隻手接觸後／結合力如何永不斷裂／人們如何從欣喜／或損害的傷痕中／走進詩的慰藉／讓我和那些自認有答案的人／保持距離／讓我和那些叫說『你看！』／驚異中大笑／而後鞠躬的人永遠為伍」。

最後她以輕鬆的一首短詩結束了這次的朗讀節目：〈小狗夜晚的敘事詩（三）〉（Little dog's rhapsody in the night（percy three））」：「他的臉頰靠著我的臉頰／發出微微卻意味深長的聲音／當我清醒或足夠清醒時／他翻轉身子／四腳朝天／眼珠黝黑而熱情／告訴我妳愛我，他說／再告訴我一遍／還有比這更甜蜜的安排嗎？／他一遍又一遍地問／而我一再地答」。

奧麗佛非常注重保有隱私，絕不輕易接受訪問，因為她認為，她要說的都在寫作裡。但這場朗誦完後，她卻特別保留時間，親自以精簡的話語回答熱情觀眾即興提出的問題或要求。

問：妳能談談妳的寫作方式嗎？

答：我喜歡到森林裡散步，那裡是我靈感的泉源。我相信紀律的好處，總是隨身帶著一本小筆記簿，盡可能作詳細的記錄。然後，我把內容用打字機打出草稿。接著，十到四十次的修改是很通常的。

問：妳有過找不出適當的字來表達的時候嗎？

答：有啊。

問：妳捕捉自然世界，描述得很美。妳對人的世界是否有負面的看法？

答：沒錯。我覺得，要我讚美我們的國家是很難做到的。我對美國的原住民有很深的感覺，卻無法找到好的故事，把它們放進詩裡，我因此覺得懊惱。我也很為地球擔心。

問：我們家正遭受痛苦的煎熬。妳能朗讀那首〈旅程〉（The journey）嗎？

答：好。「有一天你終於知道／你必須做什麼，也開始做了／雖然身邊的聲音／不斷呼喊著／他們不良的勸告／雖然整個房子／開始搖動／而你感覺腳踝／老毛病也復發。／……／天色已夠晚了／而且是個瘋狂之夜／路上滿是／落枝和墜石／可是漸漸地／你把他們的聲音拋在腦後／而星星開始燃燒／穿過層層遮雲／一個新的聲音／你慢慢／認出是自己的／陪伴你／闊步，愈走／愈深入這世間／下定決心／做你唯一能做的事——／那就是決心拯救／唯一你可拯救的生命」。（陣陣激動的掌聲）

問：請談一談妳每天的作息情形，還有妳喜愛的音樂。

答：我喜歡舒伯特、馬勒和其他音樂家的古典音樂。我也喜歡寧靜和冠藍鴉的歌唱。我通常在早晨寫個兩三小時。其實，你創作的心智是隨時準備好的。你必須保持固定的工作時間表。

問：什麼時候該是靜默的時刻呢？

答：靜默是進入殿堂的門。

問：我是一個15歲的女孩。妳有什麼建議給剛開始學習的詩人嗎？

答：讀，讀，讀。每天早晨讀大師級詩人的作品，讀個30

天。連做夢時也模仿他們的詩，但是，也不要太心急。學習如何感受這個世界。謝謝。（雙手再度合掌）

揭開詩的迷霧
——幽默詩人柯林斯（Billy Collins）

當今美國詩壇出版最暢銷，詩作朗誦最賣座，同時又受詩評論者尊崇的詩人，大概就是比利・柯林斯（Billy Collins）了。柯林斯是紐約市立大學萊曼學院教授。他的詩集《獨處一室自漂流》（*Sailing Alone Around the Room*）已經是第五刷了，總共印了五萬五千本；他有過三本詩集同時出現在詩歌的暢銷排行版上。在美國俄勒岡州的波特蘭市這樣的一個中型城市，一間有著2700個座位的劇場裡，他的詩朗誦全場爆滿。他甚至於說服了美國達美航空公司，開發了第一個在飛機上朗讀詩的娛樂頻道。這樣的效應在美國詩壇上是少見的。

柯林斯認為，目前詩壇最大的兩個問題是，晦澀詩以及放肆性的自傳式告白。晦澀詩常常是一種文字技巧的效果，反映出掩飾、炫耀或無緣無故的弱點。喜歡把自傳式的告白摻進詩裡頭的人，往往假設讀者對別人的過去感到興趣，而事實上，讀者所追求的是一種共鳴，而從其中聯想到自己。其實，他年輕時喜歡讀寫風行的晦澀詩。後來，他的詩風開始蛻變，轉向明朗化。如此的心路歷程使他極力提倡，讓詩走入生活，讓生活入詩。他的詩主題常常是能引起共鳴，捕捉生活當下的片刻，意在引人省思。

這位總共出版了十一本詩集的詩人認為，詩的迷霧是不必要的，應當揭開。在連任美國桂冠詩人的兩年（2001-2003）期間，他推行「詩一八〇」（Poetry 180；總共180首詩）的計畫，建議學校在每個上課天用廣播朗讀一首詩，希望詩能成為學生生活的一部分。柯林斯不贊成只為了寫給其他詩人或學院看的詩。他也認為，過度的詩的解讀是不必要的。他有一首詩叫作〈詩的入門〉（Introduction to poetry），幽默地表明這種看法：「我告訴他們，把詩當作幻燈片對著光看／或者，耳朵緊貼著詩的蜂房／……／我要他們滑水，從詩的表面越過／對著岸上詩人的名字揮手／可是啊，他們卻只想拿條繩子／把詩綁在一張椅子上刑問／開始用水管鞭打，硬要查出／詩的真意在何處」。

曾獲詩歌基金會馬克吐溫獎的柯林斯認為，幽默可以是讓讀者進入嚴肅主題的一道方便法門。即使在一些感傷的詩裡，他也能參點幽默，使情緒不致過度傾洩。他說：「其實，幽默自古以來就是詩的一種成分。可是在十九世紀到二十世紀中葉這期間，它較少出現在詩裡。現在幽默又回來了。」詩常被看作是較嚴肅或悲傷的文體。穿插點幽默在詩當中，可以說是一種冒險，但柯林斯卻往往能作得天衣無縫，讓讀者泛起會心的一笑。他那一首最有名的詩〈健忘〉（Forgetfulness）就散發著這種氣息：「先是作者的姓名給忘記／接著依序是書名與情節／及教人心碎的故事結局／而那整本小說／突然覺得不但沒有讀過，也不曾聽過／曾經珍藏的記憶／似乎一個個決心退隱到大腦的南半球／一個連電話都沒有的小漁村去／……難怪你半夜醒來／找一本戰爭史／查閱那個知名戰役發生於何時／難怪窗前那一輪明月／彷彿從你熟記的情詩裡／漂移」。

他的詩也不一定都摻雜著幽默，有可能整首詩充滿著內斂的悽涼。美國911事件發生時，他正是該年度的美國桂冠詩人。事件滿一週年時他在國會朗讀了〈名字〉（The names）那首詩，提醒大家在步調急速的戰爭和政治激情中，別忘了那些死難者：

「昨晚我躺在夜的掌心中未眠／小雨悄悄溜進來／卻沒有風……雨滴落入黑暗／名字印在午夜的天花板上／滑倒在潮濕的轉彎地方／二十六株柳樹低垂河流兩岸／……那些名字寫在空中／繡在衣服上／貼在信箱的照片底下／……名字的字母躺在綠野中／名字壓在鳥的足跡上／名字從舉高的帽沿滑下／或平衡在舌尖上／名字推到黯淡的記憶倉庫裡／這麼多名字，心壁上沒空間可貼啊」。

柯林斯很重視詩的起頭，認為假如讀者一開始就能感受到熟悉或簡單可解的意象或感覺時，才能夠跟著詩，慢慢地走向較繁複的、深層的意象或主題。他覺得詩的起頭和結尾是不容易寫的，但是，一旦那種流動的感覺來了，幾乎就可一氣呵成。他曾說：「我試著一口氣完成草稿。我要讀者感受到我起筆到結尾時那種一貫的氣勢。初稿就像是素描一樣。」他不習慣在分割的時間裡完成一首詩。讀者讀後的結論，對他來說，就是他那首詩的終點。雖然他的詩讀起來毫不費力，但其實他很注意每一行的節奏，而且每一行的結尾總要讓讀者的注意力又回到詩裡頭。

當他寫詩的時候，對象是一個讀者而不是一群聽眾。他試著輕聲又親密地對那個人傾訴。他的詩篇朗讀，不管是在學校、公共電台或詩歌聚會裡，都像是讀給熟悉的朋友聽的。難怪有人認為，柯林斯是繼佛洛斯特（Robert Frost）之後，當代最廣為各階層所喜好的美國詩人了。

詩，給生活更多的氧氣
——記詩人萊恩（Kay Ryan）的朗讀及訪談

花開漸暖的四月時節，正是美國的詩歌之月。有的人會在信裡夾著一首詩給朋友一個驚喜，有的人把詩帶進午餐裡，也有人甚至用粉筆在人行道上塗寫一首詩。舊金山的藝術與演講協會，也在2009年4月即時推出了一場詩的對話。訪談的對象是第十六位由美國國會圖書館遴選出來，並聘任的桂冠詩人（從2008年9月開始）凱伊・萊恩（Kay Ryan）女士，而主持人是當今洛杉磯時報讀書版編輯大衛・烏林（David Ulin）。這場訪談的地點是氣勢華麗高雅的赫布斯特劇院，1945年聯合國憲章就在這裡簽署的。整個劇院有916個位子，當晚幾乎全部坐滿。

當時剛獲知將連任一年桂冠詩人頭銜的萊恩在台上閃爍著機智與詼諧，有時甚至顯得主客調換了角色，引起一波接一波的笑聲。主持人開始介紹萊恩時，說她以寫簡潔的短詩聞名，往往每行只有兩三個字，意涵卻極其豐富。有人將她比擬為現代的愛蜜莉・狄更森（Emily Dickinson）。萊恩說，邊緣是詩行裡最有力量的部分，它們使詩變得更有滲透力。當一行只有兩三個字的時候，每個字都接近邊緣，而接近邊緣的字特別顯眼，任何胡言亂語都會浮現的。所以，她說，短詩有擊出強打的那種魄力。在她的詩稿裡，每一行一下筆就是短短幾個字，而不是待寫完後，再把每行加以濃縮。她特別注意每一行的結尾，尤其喜歡那種砰然關閉，戛然而止的感覺。

她首先自詡為「生態機會主義者」，在詩中喜歡借用動物「探討」人生的種種議題。她覺得詩是一種親身經驗，但若隱若現的；雖然詩是一種公開的曝露，自己卻不是那種喜愛曝露私己或自白型的詩人。萊恩的詩透露訊息，但同時卻又有掩蔽性。烏林問她什麼時候開始寫詩的。她說，大約二十歲開始寫起，從來沒有選過寫作方面的課；但真正沉浸在詩的世界裡，是在三十歲一次腳踏車遠行時突然領略而開始的。她總共出版了六本詩集，曾獲得多項詩歌獎，包括十萬美元的大獎露絲・麗莉詩歌獎（Ruth Lilly Poetry Prize）。多年來，她把好詩比喻作生活所需要的氧氣：「我喜歡把所有好詩想成是空氣中更多的氧氣。詩，讓我們呼吸得容易些。」

萊恩生於1945年，一直長住在加州。父親是加州鑽油井的工人，母親喜歡安靜的生活，所以全家不聽音樂，也不看電視。成長後，她也習慣過那種寧靜的生活，像隱士般的低調。除了寫詩教課，她喜愛大自然，花很多時間在戶外活動。

她極力提倡社區大學，很歡迎社會上被忽視的一群到社區大學去上課。也因此，她堅守在舊金山市附近的馬林社區大學教書，而不去名校或大規模的學校。她輔導英文需要加強的學生，包括外國學生在內。當晚演講完之後，在閒聊時，她指出，因為對英語的新鮮感，外國學生的寫作有時會有意想不到，富有創意的、新鮮的表達方式。

被問到押韻問題的時候，她說：「我的頭腦，沒有經過我的允許就自己找押韻。」她的押韻是合併式的，像遺傳因子的重組一樣，就好比是把聲音剪成碎片，再重新分配到整首詩裡，讓詩更能跳躍發光。例如，一個字前面的幾個字母和另一個字後面的幾個字母押韻。所以她寫的詩，押韻是跳來跳去的。

烏林請萊恩為觀眾朗讀的第一首詩是〈理想的聽眾〉（Ideal audience）：「不是散亂的群眾／不是從一個地區／來的一打人／以口音為準／也不是七名的／女巫團／更不是五名隨便／找來的表兄弟／而只是一個自由的老百姓／或許現在已經／作古，但深知／唯有我們兩人／才能找到這一室／高雅的黯淡」。這首詩道盡了她對詩的態度。她善於利用隱喻，戲稱自己是隱喻的機會主義者。她也喜歡將嬉戲或幽默注入詩裡頭。這次朗讀中，聽眾被她精準的咬音，稍微緩慢但帶著節奏的朗讀速度，恰到好處的抑揚頓挫，以及意外的短暫沉默所深深吸引，連咳嗽聲也沒有。她認為，詩讓語言復活，不一定被大眾所喜好，而只有一部份的人會喜歡。不幸的是，現在，詩還有被政治意識形態和商業所夾持的趨向。

萊恩朗讀的第二首詩是用來紀念她母親的。詩的題目叫做〈東西不會是那麼堅硬〉（Things shouldn't be so hard）：「生命應該／留下深的印記：／她拿信／走出走進／拿著水管／在院子裡／留下的足跡／她常站在／那破舊的水槽邊／還有，瓷製的門把／被她的手／摩擦／出現白色的底層／黑暗中／她摸索／找尋的燈開關／摸得幾乎消失／她的東西／該有她的痕跡／生命的旅途／應當有所顯示／有所磨損／當生命終結／某些空間／即使再小／也會讓／美好／或耗損的行止／留下蹤跡／東西不會是／那麼堅硬」。

她朗讀的第三首詩〈為什麼不是更明顯？〉（Why isn't it all more marked）。詩的結尾是這樣的：「……我們一定／擅於吸收／我們一定／幾乎像水晶／幾乎像某些／中和的化學品／真地帶來／淨化及安寧／吞服黑色的悲痛／轉化成終結」。

萊恩的寫作態度是，盡你所能寫出最好的詩，那麼你就不必懇求別人而能發表。她的經驗是，及時把感觸寫下來，不要等待那最佳的時刻才寫，因為世事變化不斷。把握當下，捕捉你對事物起初的印象；這時候，你和事物之間有足夠的距離讓你能夠觀察，能有新鮮的眼光看待事物。知道太多了反而會使你覺得癱瘓。她通常一口氣完成一首詩，放著等一些時候，再以新鮮的眼光，回頭修改個十幾二十次。

她不喜歡激動的，或聳人聽聞的東西，而喜歡保有空間距離，冷眼靜觀世界。她希望大家能夠放慢腳步。有評論家指出，萊恩的詩提醒我們，詩富有暗示的力量，喚醒了讀者的知性、想像和感動。聘任她的國會圖書館館長彼林頓認為，當今社會充滿了自以為是的高談闊論，而萊恩有深度、真摯和觀察敏銳的詩就顯得特別難得。她不喜歡自大的人生態度，所以美國桂冠詩人的頭銜對她的生活影響並不大。最大的困擾是，每天有上百上千的電子郵件在等候著她。

將近訪談的尾聲時，萊恩又朗誦了她一首很受歡迎，富有哲理的詩〈隨遇而安〉（The best of it）：「再怎麼／被削減切割／我們總是／隨遇而安／好像不在乎／我們的地一畝／縮成一坪／就好比菜圃／只剩一顆豆／而如果它長成／我們慶幸／就好像一顆豆／滋養我們是足夠」。

有人問萊恩，詩的用處在哪裡。她回答說，詩所以吸引她，是因為詩沒有直接的實用價值。相對的，散文和對話是實用的語言。當然，詩讓我們感覺不會那麼孤獨，讓我們的內心有更多自在的空間。

這，就是萊恩對詩極為簡潔的看法。

讓詩紮根的詩人

——詩人品司基（Robert Pinsky）

美國國家桂冠詩人，羅伯・品司基（Robert Pinsky）2007年回母校史丹佛大學榮任駐校詩人，2月28日接受創作課程班的邀請，對外公開作了一場詩的朗誦會。兩百人座的禮堂，早在半個鐘頭前就塞得滿滿的。不只階梯走道上坐了來晚的人，在微暗的燈光下，連後頭站的空間也填滿了黑壓壓的臉孔。有人抱怨說，這麼一位詩壇的巨人，應當受到更大的禮遇；這樣難得的機會用一間更大的禮堂是必要的。

八點鐘整。紫色無領的T恤映照著一張灰髮梳理得整齊，英俊的臉龐。經過幽默的簡介後，這位有著高挑身材而略顯清瘦的詩人在高分貝的掌聲中合掌入場。他的開場白承認，四十多年前當一個史丹佛大學的研究生時，來自美國東部，猶太文化的背景給他帶來了格格不入的感覺。品司基博士現任美國波士頓大學研究生寫作專業教授，兼任網路雜誌《石板色》（*Slate*）的詩歌編輯，經常在公共電視台節目中朗讀詩作。三十多年來，他在詩的領域裡影響極大，有人甚至將他的詩質與莎士比亞和艾略特的並列。

品司基從1997年到2000年連獲三屆的美國桂冠詩人的頭銜，是史無前例的。那期間，他為美國國會圖書館倡導「最受歡迎的詩作計畫」（Favorite Poem Project），紀錄詩對美國文化的貢獻，目的在提高詩的地位。他強調要以異常的慈悲心寫作。他和學生曾經在街上訪問了許許多多不同年齡、地區、職業和教育背景的普通百姓，從當官的到餐館裡打雜的，請他們朗讀自己喜愛的詩而紀錄下來，製成五十個音像俱全的短片。這位專職詩人出版了七本詩集，翻譯了兩本詩集：一本但丁（Dante Alighieri）的詩集，另一本是諾貝爾獎詩人米洛舒（Czeslaw Milosz）的專集。他還出版了數本散文和學術文集。他可以說是當今全美國最有心讓詩在各個族群和社會層次生根的詩人。他的許多詩作往往關懷或影射著歷史事件及日常新聞。

當晚他選了十首近幾年所寫的詩朗讀。第一首象徵他堅韌無畏的精神和性格，題目叫做〈武士之歌〉（Samurai song）：「當我無家可歸時，我把／膽識當做家。當我／晚餐無著時，我讓眼睛饗宴／／當我看不見時，我傾聽／當我聽不到時，我思索／當我無法思索時，我等待」品司基用了一些斷句，使得這樣一首押韻、三行一段、不斷重複「當……時」的結構的詩，免於單調的風險。此詩帶有紀律性的結構，似乎呼應著武士的生活紀律。

第二首命題為〈ABC〉的詩描述人生百態，全部只有二十六個字。妙處是，這些字的第一個字母完全按照英文字母的順序排列。

他也朗讀了極有名的一首詩〈襯衫〉（Shirt），表達他對歷史並不只是權貴的所作所為的看法。他說：「歷史遍地皆在：你坐在它上面，你穿著它，你想著它。它在你的梳理之中、你鼻子的形狀裡，還有你身上的衣服上頭」。朗讀中，整個講堂靜悄悄的，沒有一絲的咳嗽聲，更無任何的竊竊私語。那張舖滿人生歷練的臉孔，好比是一座小小劇場，聲音則忽高忽低，咬音非常準確又清楚。

對品司基來說，詩是一種音樂的經驗。很少有作家會如此專心致力於語言的音樂性。他寫了一本《詩的聲韻：簡介》（*The Sounds of Poetry: A Brief Guide*），認為詩是一種純粹的聲音經驗。他曾經在麻省理工學院的演講裡說：「每次朗誦時，詩就活過來；書寫或印刷的詩作只不過是一種標記。」這或許跟他從小喜愛爵士音樂，吹薩克斯風有關。他開始寫詩後，借用音樂家的許多概念。他寫詩時，總是把每一個措辭、每一行朗讀出來，以便檢視修改。

品司基有一位喜歡聽講笑話，卻因為醫師開刀失誤而年輕早逝的好朋友，名叫艾略特・吉伯特（Elliot Gilbert）。那一晚，他朗讀了一首紀念這位好友的長詩〈無法言傳〉（Impossible to tell），三行一段。幽默的口吻引來好幾陣會心的笑聲。他翻譯過古典文學中的佼佼者但丁的《神曲・地獄篇》（*The Inferno of Dante*），譯作暢銷一時並獲獎。當晚，他所朗誦的最後一首，也就是第十首詩，就是取自那一本譯作。

如同在朗讀之前，他結束時合掌鞠躬，引發了久久不絕的一陣陣掌聲。幾乎全體的聽眾以起立來表達他們的敬意，謝謝他長達一個鐘頭，充滿感情的詩朗誦。

詩的禮讚

美國桂冠詩人的種種

美國鉅富、慈善家杭挺頓（Archer M. Huntington）熱心文學藝術，也是一位研究西班牙文化的學者，經常捐款幫助大學或藝文組織成立藝廊或博物館。本身即是出版了十幾本詩集的詩人，杭挺頓於1936年捐出了一筆鉅款，指明用途是作為國會圖書館裡設立並維持一個英詩講座，而頭銜則稱為「詩顧問」（Consultant in Poetry）。雖然經費來自私人捐款，該頭銜到了1986年，依照美國國會通過的公共法案，改成「桂冠詩人及詩顧問」（Poet Laureate Consultant in Poetry）。「詩顧問」這些字眼之所以仍然出現在新頭銜裡是為了讓大家知道，新舊頭銜是同等的。至於「桂冠詩人」，這個帶著光環的頭銜則源自於英國的傳統，主要是頒給卓越詩人的一種榮譽。一般人也都以桂冠詩人來簡稱這個頭銜。來自美國中西部的傑出詩人庫瑟（Ted Kooser，參見〈鄉村小鎮見詩意——訪問詩人庫瑟〉）在一次訪談中，即透露了2004年當他接到電話，受邀成為年度桂冠詩人後，竟高興得一不小心，從車庫倒車外出時，就把側邊的後視鏡給撞壞了。美國國會圖書館是當今世界上最大的圖書館。該館館長從來自各處（包括前任的詩顧問）的提名中，挑選並聘任「詩顧問」。

1937年第一位被聘任的「詩顧問」奧斯蘭德（Joseph Auslander）是杭挺頓推薦的人選，由當時頗受杭挺頓器重的國會圖書館館長普特南（Herbert Putnam）聘請。隔了兩年，被羅斯福總統指派為國會圖書館館長，也是傑出詩人、作家、律師的麥克李胥（Achibald MacLeish），決定這美國詩人中最高的職銜應當以一年為限。不過，從1950年開始，「詩顧問」可視情況連任一年。而絕無僅有的一個例外是詩人品司基（Robert Pinsky，參見〈讓詩紮根的詩人 —— 詩人品司基〉）。當時為了慶祝國會圖書館成立兩百周年的一些活動，品斯基一連當了三年的桂冠詩人。連任與否乃取決於國會圖書館館長的決定，以及現任桂冠詩人的意願和本身是否有空。還有，幾位桂冠詩人曾經在不同時期受聘第二任，像篤信佛教，倡導環保的2010年美國桂冠詩人默溫（William S. Merwin）就曾經在1999到2000年間被任命為國會圖書館兩百周年慶的特任「詩顧問」。

這些桂冠詩人每年十月就職。他們共同的使命是協助圖書館推廣詩歌的閱讀活動，並配合國會圖書館在舉辦的年度文學季系列活動中，朗讀自己的詩作。最讓人印象深刻的朗讀，大概要數平素喜愛幽默的桂冠詩人柯林斯（Billy Collins，參見〈揭開詩的迷霧 —— 幽默詩人柯林斯〉）在2002年911周年的國會參眾兩院聯合會上，為了提醒大家別忘了那些死難者，而莊嚴肅穆地朗讀了他自己所寫的那首撼動人心的詩篇——〈名字〉（The names）。

美國桂冠詩人的辦公室設在國會圖書館的「詩與文學中心」（Poetry and Literature Center）。雖然，最近幾年他們的年薪只有美金三萬五千元，但是，美國國會圖書館提供任何必要的資源（像旅行費用、行政秘書、詩歌朗誦廳等），讓桂冠詩人充分享有最大的自由，沒有上下班的時間限制，做他們自己想做而具有主題性的方案，以發揮個人想要強調的理念。例如，1987年獲得諾貝爾文學獎的詩人布羅茨基（Joseph Brodsky）是1991-1992年間的美國桂冠詩人。他提出利用機場、超市、醫院、動物園、卡車休息站和旅館房間等場所，讓詩普及化的點子。他認為，人們在這些公共場所，很多時候與其被時間所殺，何不以讀詩來殺時間，所以說服了幾家出版商捐出一百多萬本詩集，擺在公共場所裡免費供人閱讀。甚至，有的電話簿出版商也把詩就登印在電話簿裡面。

庫敏（Maxine Kumin，參見〈我的心，我的手，都歸屬於泥土——訪問詩人庫敏〉）則對於婦女意識的抬頭不遺餘力，她為婦女舉辦了一系列很受歡迎，有關詩的研討會。第一位非裔桂冠女詩人布魯克思（Gwendolyn Brooks）則接見小學生，並鼓勵他們寫詩。還有，庫瑟親自編輯每周一詩，至今仍然持續不斷地在專欄「詩說美國生活」（American Life in Poetry）裡，反映美國多面向的生活型態，免費提供當代詩人的作品給150至200家報紙，以及任何對詩感興趣的人，讓詩在美國文化中有它「強而有力的存在」。這個從2004年以來運作持續不斷的專欄網站是www.americanlifeinpoetry.org。

套一句也曾當過美國桂冠詩人的惠特摩爾（Reed Whittemore）說過的話：「這是一個充滿了機會的工作，一個帶有權力的職位。」許多桂冠詩人在任內期間頻頻接受訪問，在電視、廣播電台推廣詩的普遍性。但是，也有桂冠詩人卻不願意做這些事，也不在乎讀者群是否能夠擴大。女詩人格魯克（Louise Glück）就是如此特立獨行。她在接受美國桂冠詩人的職銜之前，清楚表明拒絕接受任何訪問，或為了詩的宣傳而旅行，為的是不讓自己的寫作受到干擾和影響，一時還傳為佳話。不過，可貴的是，她對於提拔新人，卻是不遺餘力。

到目前為止，總共有47位桂冠詩人接受過聘任，其中包括頗多耳熟能詳的名字，像羅爾（Robert Lowell）、碧許（Elizabeth Bishop）、威廉斯（William Carlos Williams）和佛洛斯特（Robert

Frost）等。所有聘任的詩人幾乎都是美國籍，只有一位例外。為了配合1966年白宮舉辦的「國際合作會議」，美國國會圖書館聘任了相當瞭解美國的英國著名詩人史班德（Stephen Spender）為美國桂冠詩人。除了以上提到的幾位桂冠詩人之外，秋水詩刊的「海外詩壇」已陸續介紹過庫尼茨（Stanley Kunitz，參見〈詩壇的長青樹——詩人庫尼茲〉）和萊恩（Kay Ryan，參見〈詩，給生活更多的氧氣——記詩人萊恩的朗讀及訪談〉）供讀者參考。

美國國會圖書館電子參考部門的阿曼第先生（Peter Armenti）很有耐心地提供了筆者許多詳盡的資料，謹在此特別致謝。

當詩歌統治了滑鐵盧村

——記美國「道奇詩歌節」（Dodge Poetry Festival）

2008年是第12屆的道奇詩歌節，從9月25日到28日，四天中有超過一萬九千個愛詩的靈魂，顧不得霧氣和偶陣雨，聚集在滑鐵盧村（Waterloo Village）。

這裡是美國新澤西州的一個州立公園，也是美國的國家歷史古蹟之一，佔地總共四百英畝，有幾棟年代相當久的建築物散落其中。這個公園裡有個巨大的，可容納兩千個座位的帳棚，35年來，成為舉辦各種音樂及藝文活動頗受歡迎的地點。

道奇詩歌節是由傑洛汀・道奇基金會於1986年首次在滑鐵盧村舉辦。原本是要讓新澤西州的教師們聚在一起討論有關詩的課程。當時有人建議將它擴大為一個詩歌節的活動。初試相當成功，於是這詩歌節就定為每兩年一次的盛會。美國桂冠詩人哈斯（Robert Haas）稱它為「詩的天堂」；紐約時報則借用「伍斯托克」（Woodstock）那著名的，歷史性的音樂會的名稱，來形容這個北美洲最大的詩歌節獨特的號召力。有名的詩人，青壯老年，雲集一堂。今年受邀到場的知名詩人總共有六十幾位，其中歷屆的美國桂冠詩人就有五位，包括庫敏（Maxine Kumin，參見〈我的心，我的手，都歸屬於泥土——訪問詩人庫敏〉）、庫舍（Ted Kooser，參見〈鄉村小鎮見詩意——訪問詩人庫瑟〉）、柯林斯（Billy Collins，參見〈揭開詩的迷霧——幽默詩人柯林斯〉）、哈斯以及當時即將卸任的桂冠詩人希米克（Charles

Simic）。另外，還有幾位是普立茲詩獎的得主。每一屆的詩歌節都會邀請幾位來自國外的知名詩人。今年被邀的外國詩人有兩位來自英國，和一位來自墨西哥，深具影響力、普遍受歡迎的女詩人布拉萩（Coral Bracho）。布拉萩首先以西班牙語朗誦，接著有美國詩人當場為她作即席翻譯。過去曾經被邀請到道奇詩歌節朗讀的華裔詩人有美籍的陳美玲（Marilyn Chin）和李立揚（Li-Young Lee，參見〈淡淡的愁思與孤獨——訪問華裔詩人李立揚〉）、以及北島。

這詩歌節的使命之一是鼓勵學生們多接近詩。除了兩年一次的詩歌節外，道奇基金會還花錢請知名的詩人到新澤西州的中學去訪問。詩歌節的第一天總是按例免費開放給中學生，讓他們有機會到現場聆聽知名的詩人朗讀，跟他們閒聊、問問題。通常學生們很少有機會聽到他們心目中景仰的詩人親自朗誦。因為幾乎不停的詩朗誦，整個詩歌節的氣氛，活絡了起來。

這一次來了4100多位學生，其中大半來自新澤西州、紐約州和賓州，也有遠從佛羅里達州和緬因州來的。第一天下午，參加新澤西州中學詩歌比賽得獎的學生，有機會上台朗誦了他們最近得獎的詩作。參加詩歌節的教師也不少，大約有1500位。他們藉著這個機會，和資深詩人討論如何把詩帶進課堂裡，如何讓詩成為學生生活的一部分。從1984年以來，很多美國年輕人愛好一股新的詩運動，並把它傳佈到世界各地去。那是一種帶有饒舌節奏的詩歌朗誦兼表演的比賽，由聽眾當評審。向明先生稱它為「詩角力」（poetry slam）。這次詩歌節也請來了拿過四次全國詩角力冠軍的史密斯女士（Patricia Smith），很受學生的歡迎。其實，她本人在傳統詩的寫作上也是相當卓越的，到目前已經出版了五本個人詩集。

大舞台帳棚的座位約有兩千個，舞台上裝有八十多個五顏六色的燈光。為了讓耳聾的來賓也能了解朗誦詩的內容，主辦單位邀請了專業的人士做即席的打字，投影在一旁的小銀幕上。此外，還有十個比較小的帳棚和房子，可以容納一百到六百人不等。每天從早上八點到晚上十點似乎都沒有冷場過。最熱鬧的時候，在所有的帳棚裡，會出現十一個不同的節目同時在進行中，或朗誦，或詩論，或交談。

穿插在這些節目當中，還有說故事和聽眾即席的朗誦。兩位以說故事為職業的藝術家，用詩樣的言詞及聲音娓娓細訴，自己的體驗和長年的傳說攙合的故事。他們很自然地呈現印地安和猶太文化中，仍然鮮活的傳統民俗藝術。這場在秋楓燃燒中的詩歌節慶，不是只讓知名的詩人專美於前。聽眾不是只因慕名而來。每天也有幾場公開的朗讀，讓麥克風屬於任何愛詩的男女老少。在亭子裡，有人拿著別人的詩集，自我陶醉地朗讀；也有人使出渾身解術，把自己的詩又吟唱又表演地展現出來。台下坐在野餐桌邊的聽眾，鼓起掌來，響聲依然宏亮無比。

第二天下午，太陽偶而探出頭來。大舞台的帳棚裡，馬拉松式的接力朗讀不斷，座位爆滿。棚外近兩百人，或鋪地而坐，或站著稍息，沉醉在八個擴音器傳來陣陣的吟誦，有的朗誦還以吉他配音。掌聲和笑聲此起彼落，偶而參雜著嬰孩的呀呀聲。朗誦之外，還有許多的講習，討論詩人寫作的經驗和訣竅、詩人的生活型態、詩與爵士音樂、公開個人私密的感受、詩的翻譯等等。今年受邀的五位美國桂冠詩人，齊聚一堂，揭開桂冠詩人這個頭銜的神祕面紗，談論他們在任期內所做的一些事（例如，鼓勵中學生讀詩、在大報紙裡闢一個詩的專欄、到都市裡貧窮孩童的學校教詩歌、和提倡有關環保的詩作等）、以及描述遭遇到的種種問題。當訪談結束的時間到了，資深的桂冠女詩人庫敏幽默地說：「我們已經到達了（目標）。」

美國大型連鎖書店BORDERS（邊界書店）租了一個大帳棚，擺放應有盡有的詩集和有關詩的出版品，也兼賣一些小紀念品。每天在那帳棚裡，不時都有人大排長龍，等著當天朗讀或演講的詩人在他們的書上簽名。在往四面八方趕場的人潮中，最懂得享受那處處散發出來的濃濃詩意的，莫過於那些行動緩慢，為數不少的老年人，有的坐在輪椅上，有的推著助步車，有的撐著柺杖，以詩歌的步子，踩在人行道上紅黃交錯的落葉上，在場地裡漫步，在帳棚裡微笑。飄忽在草坪上、在楓樹和灌木間的薄霧，和散置在整個會場裡的鮮花，為池塘邊沉思的柳樹增添了些許的詩情。在休息時段裡，舞台上有演唱爵士音樂和代表其他多種文化的小樂團，也有唱出狼嗥嚶鳴的和諧樂團；在走道上，有來自厄瓜多爾，由五個印地安人兄弟組成的「回憶樂團」，邊走邊以笛子和小鼓譜出悠揚的歌聲，把節慶的氣氛推到高潮。

最後一天結束前的壓軸節目，是由五位美國桂冠詩人朗讀自己新近的詩作。忽然間，急躁的雨點滴滴答答不停地打在頭頂的帳棚上，頻率快得叫人心慌，但所有兩千個座位卻依然填得滿滿的。外頭更有一些人撐著傘，站在雨中，側耳聆聽從擴音器傳送出來的詩情。就如同主持人帶點詩意的幽默所說：「雨滴，豐富了詩。」當每位桂冠詩人讀完詩作，走向台下時，幾乎全場所有的人都起立鼓掌，給予那些卓越的靈魂由衷的回響。

這個地區的一家報紙用「一個被言語統治的村莊」和「在道奇詩歌節裡，詩句是國王」的標題來形容整個詩歌節的氣氛。的確，四天下來，聽到的、看到的、聞到的都是詩——這人類最古老雋永的藝術。我幾乎忘了人間煙火是什麼樣的滋味。

（道奇詩歌節的網站：www.dodgepoetryfestival.org）

把詩留在舊金山（上）

——柏克萊詩道（Berkeley Poetry Walk）

在美國詩壇已有75年歷史，備受尊重的美國詩人學會（Academy of American Poets）在2004年，從幾百個提名當中，選出31個美國詩壇的地標，前兩名剛好都在舊金山灣區，第三名也離舊金山灣區不遠。榜首是柏克萊市的詩道（Berkeley Poetry Walk），其次是，舊金山市區的城市之光書店（City Lights Bookshop；參見〈把詩留在舊金山（下）—— 訪問『城市之光』創辦人及詩人弗林格堤（Lawrence Ferlinghetti）〉。

詩，在藝術的領域裡，不見得獨領風騷。但在柏克萊卻像是灰姑娘的特殊待遇一般。麵包店、餐館、小書店、劇場、電影院等參雜在各個角落，柏克萊一向是徒步者的天堂。詩道的構想就是依據這樣的傳統，讓漫步者能停下腳步來讀讀詩，細細想像並品味詩中散發的情境。這個在2003年完工的計畫，其經費是來自柏克萊的許多居民、商家行號以及政府和非政府的組織。

這條兩旁的人行道上鑲嵌著126個詩歌鐵板的街道，就是介於夏塔克大道（Shattuck Av.）和密爾費亞街（Milvia St.）之間的愛德蓀街（Addison St.）。它或許正是全世界詩的密度最高的街區了。而其構想及完成，全歸功於極力復甦柏克萊市區風貌特色的建築師約翰・羅勃茲（John Roberts）。這位建築師本身就很喜愛詩，他也有一首圖像詩鑲嵌在詩道上。每一片兩呎見方的鑲板是用鑄鐵製成的，而詩歌的文字則再塗上一層釉。時間久了，整個表面會呈現一種古銅鏽的顏色，和略呈淡黃的文字，形成一種極柔和的對比。這些鐵板鑲嵌在人行道接近路邊的地方，以避免行人直接踩在上頭，但又能讓漫步其間的行人欣賞詩歌帶來陣陣的驚喜。

詩作的挑選是由曾經當過美國桂冠詩人，現在柏克萊加州大學執教的羅伯・哈斯（Robert Haas）及女詩人潔西卡・費雪（Jessica Fisher）負責，再經過柏克萊藝術委員會的審核。詩道上，總共彙集了128首詩（有一片鑲板上浮雕著三首日本詩人松尾巴蕉、與謝蕪村和小林一茶的俳句），雖然大部分是英文詩，但有好幾首是分別從中國、日本、印度、波蘭、蘇俄、德國、希臘和墨西哥文翻譯成英文的。上頭鑲列的每一首詩歌或詩人，都曾經跟這城市或北加州有過直接的接觸或迂迴的交集。這些所選列的詩歌，都反映出柏克萊這個非常講究自由精神的城市性格。在社會及文學歷史方面，它們富有多族裔、國際觀、反戰及東方哲學的色彩。

有許多詩的作者，多年來以柏克萊為家；有些只是短暫停留，而有些詩人像莎士比亞卻從未曾踏上這塊土地。莎士比亞的詩歌之所以被選錄，是因為他一些含有詩歌的戲劇，就在詩道旁邊的一家劇院裡上演多年，在柏克萊的文化史上佔有一席相當重要的地位。波蘭籍詩人米洛斯（Czeslaw Milosz）贏得諾貝爾文學獎的時候，正在柏克萊的加州大學執教。他在詩道上鑲有一首叫〈邂逅〉（Encounter）的短詩。寫過〈嚎叫〉（Howl）的名詩人艾倫・金斯堡（Allen Ginsberg）也寫了一首有關柏克萊的詩〈柏克萊一座新造的奇怪小別墅〉（A strange new cottage in Berkeley）存放在那街區裡。所有被選入的詩歌裡，有一半以上是完成於一九七〇年後，而最年輕的詩人則生於一九六二年。似乎莎士比亞、李白、米洛斯、搖滾樂歌手、印地安人和其他的詩人超越了歷史的縱切面和地理的橫切面而聚集在柏克萊一條街的兩旁，交相輝映。

整條詩道的氣勢，從這樣的一首歌展開：「瞧！我在舞蹈！在世界的邊緣，我舞蹈！」這是久遠以前，曾經聚居在柏克萊地區的歐龍尼族（Ohlone）印地安人口傳下來的歌。

這條兩旁行人不絕的道路上，詩歌內容頗具東方色彩，尤其是中國色彩。這固然跟舊金山的地理環境及移民歷史有關，但更重要的是，曾經在舊金山灣區留下難忘蹤跡的詩人，因愛好中國文學而翻譯了一些中國的經典詩歌。

「花間一壺酒，獨酌無相親。舉杯邀明月，對影成三人……永結無情遊，相期邈雲漢。」唐詩三百首當中，李白這首〈月下獨酌〉的英譯也出現在詩道上。原來，這首詩的兩位譯者陶友白（Witter Bynner）與江康湖合譯過《唐詩三百首》。陶友白本身也是位詩人，在加州大學柏克萊分校教過中國文學，也是全美國大學最早期教過詩歌創作課的教授之一。他在那裡的時間雖然不長，但可以說是，真正提升了柏克萊的文學能量的第一個人。美國名詩人蓋瑞・史耐德（Gary Snyder；參見〈荒野的實踐——有關詩人史耐德的記錄片〉）當年在柏克萊加大求學時，翻譯了許多寒山的詩。其中的一首也收錄在詩道上：「可笑寒山道，而無車馬蹤。聯溪難記曲，疊嶂不知重。泣露千般草，吟風一樣松。此時迷徑處，形問影何從。」

從1910到1940年間，舊金山灣裡的天使島成為十七萬五千名來自中國的移民進入美國的第一站。移民局百般刁難，文件的查證往往費時幾個月或幾年。等候決定的移民被關在木造的拘留所，有人就在牆上寫詩解悶。入選於詩道上的一篇是這麼寫的：「木屋閒來把窗開，曉風明月共徘徊。故鄉遠憶雲山斷，小島微聞寒雁哀。失路英雄空說劍，窮途騷士且登台。……」。以小說《女戰士》（The Woman Warrior）聞名的華裔女作家及詩人湯亭亭（Maxine Hong Kingston）也有一首詩〈春季豌豆的收成〉（Spring harvest of snow peas）鑲嵌在詩道上。

柏克萊市的名稱，是取自一位生於愛爾蘭的英國教堂的主教。他在1752年寫的一首詩裡有這麼一句：「大英帝國往西方前進」。300年後，卻有一位非裔詩人伊斯馬・里德（Ishmael Reed）在〈往東方去〉（Go east）的詩裡，描述柏克萊受到東風的洗禮：「在別的地方／嬰孩牙牙之語／是爸爸媽媽／而在柏克萊／嬰兒落地／就盤腿打坐／他們第一句話／便是因緣／柏克萊的佛教徒／要比西藏的／還多／有的來自西藏／可許多來自紐約／布魯克林區／柏克萊主教啊／你說反了／應當是：年輕人／往東方去，往東方去」。可見，柏克萊人對東方哲學宗教的嚮往。

詩人免不了對這世俗有感而發。瑪必納・雷諾斯（Malvina Reynolds）寫下了非常感性的〈這世間〉（This world）：「親愛的，不是我怕死／只是我不願對這世間／這世間說再見／即使這老邁的世界惡劣殘忍／可我仍然愛之如傻子／這世間啊這世間／……／別人終將補我的缺／別的手啊別的臉／別的眼睛啊將四下張望／發現一些我從沒見過的／別為我哭泣，當我離去／讓這世界繼續滾動／這世間啊這世間」。

提到柏克萊，就不免令人想起1960年代，它代表反越戰的先鋒。詩道上有兩首反戰詩，其中一首是彼得・思考特（Peter Scott）的〈倒下來抗議〉（Dying in）有如此的片段：「校長室前面的草坪上／倒下來，為了查理・斯瓦茲／反對學校武器實驗的抗議／……／帶回六〇年代／迷亂的戰爭記憶／開啟了不知不覺的學運／……／只有鼻尖／溫暖的草香／說，記得偶而回來這裡」。

對政治的異議，也是柏克萊的一貫精神。黎歐納・納田（Leonard Nathan）的〈選舉〉（The election）有這樣的看法：「石頭怎麼投票／這一次？／它們投給硬度／和幾個字／樹的投票希望／往上／緩成長／讓殘枝掉落／而人呢？／他們又投票／否決自我／改投給火／以為／火可以掌握／而火／投給焦黑的殘幹／贊成停止選舉」。

當然，幽默也穿插在那些詩裡。有一位一百多年前在柏克萊加大教地形圖製作的教授寫過題為〈紫色牛〉（Purple cow）的押韻詩。「紫色牛，我從未看過／我從沒希望看過／但我還是告訴你／我寧可只看見，而不生為紫色牛」讀了這首詩的過路人，多少會莞爾一笑，放慢腳步。

詩道上還有幾首詩，充分抒發了詩人對柏克萊市的傾慕之情。例如，詩人蘇珊・哥黎芬（Susan Griffin）把它比喻成「聖體」（Holy body）：「深夜的霧／發光，在海灣裡／猶如聖體／傾斜的晨光／甦醒了樹林／粉白的城市／玻璃藍的水／到了傍晚／臉紅而疲憊／你又變得黯淡／充滿神秘而／堅貞的情人」。

柏克萊這城市的景觀並不特別顯眼，可是，它崇尚自由的風氣和獨特的人文色彩與歷史，卻讓許多人對她迷戀不已。

附錄　「秋水詩刊」文章發表索引

讓詩紮根的詩人	第136期第14頁	（2008年1月）
詩壇的長青樹	第137期第8頁	（2008年4月）
揭開詩的迷霧	第138期第8頁	（2008年7月）
游走於科學與詩之間	第139期第8頁	（2008年10月）
當詩歌統治了滑鐵盧村	第140期第8頁	（2009年1月）
鄉村小鎮見詩意	第141期第8頁	（2009年4月）
把詩留在舊金山（上）	第142期第8頁	（2009年7月）
把詩留在舊金山（下）	第143期第8頁	（2009年10月）
詩，給生活更多的氧氣	第144期第8頁	（2010年1月）
我的心，我的手，都歸屬於泥土	第145期第8頁	（2010年4月）
荒野的實踐	第146期第8頁	（2010年7月）
淡淡的愁思與孤獨	第147期第8頁	（2010年10月）
美國桂冠詩人的種種	第148期第11頁	（2011年1月）
游於藝	第149期第8頁	（2011年4月）
印第安靈魂中的聲樂語言	第150期第8頁	（2011年7月）
詩歌與舞蹈並行	第151期第8頁	（2011年10月）
拒絕從不公平轉移視線	第152期第8頁	（2012年1月）
詩，是一種無邊界的生活方式	第153期第8頁	（2012年4月）
捕捉當下的經驗	第154期第8頁	（2012年7月）
詩，存在的一種質與量	第156期第8頁	（2013年1月）
與自然對話	第157期第8頁	（2013年4月）
以詩為己任	第158期第8頁	（2013年7月）
在真正了解慈悲是什麼之前	第159期第11頁	（2013年10月）

閱讀大詩28　PG1184

速寫當代美國詩壇
——詩人的訪談及朗讀

作　　者　謝　勳
責任編輯　劉　璞
圖文排版　詹凱倫
封面設計　陳怡捷

出版策劃　釀出版
製作發行　秀威資訊科技股份有限公司
114 台北市內湖區瑞光路76巷65號1樓
電話：+886-2-2796-3638　傳真：+886-2-2796-1377
服務信箱：service@showwe.com.tw
http://www.showwe.com.tw
郵政劃撥　19563868　戶名：秀威資訊科技股份有限公司
展售門市　國家書店【松江門市】
104 台北市中山區松江路209號1樓
電話：+886-2-2518-0207　傳真：+886-2-2518-0778
網路訂購　秀威網路書店：http://www.bodbooks.com.tw
國家網路書店：http://www.govbooks.com.tw
法律顧問　毛國樑　律師
總 經 銷　聯合發行股份有限公司
231新北市新店區寶橋路235巷6弄6號4F
電話：+886-2-2917-8022　傳真：+886-2-2915-6275

出版日期　2014年7月　BOD一版
2021年9月　二版
定　　價　250元

國家圖書館出版品預行編目

速寫當代美國詩壇：詩人的訪談及朗讀 / 謝勳著. -- 一版.
-- 臺北市：醸出版, 2014.07
面； 公分. -- (閱讀大詩 ; PG1184)
BOD版
ISBN 978-986-5696-26-9 (平裝)

1. 作家 2. 訪談 3. 詩評 4. 美國文學

785.22 103010549

讀者回函卡

感謝您購買本書，為提升服務品質，請填妥以下資料，將讀者回函卡直接寄回或傳真本公司，收到您的寶貴意見後，我們會收藏記錄及檢討，謝謝！

如您需要了解本公司最新出版書目、購書優惠或企劃活動，歡迎您上網查詢或下載相關資料：http:// www.showwe.com.tw

您購買的書名：________________________________

出生日期：________年________月________日

學歷：□高中（含）以下　□大專　□研究所（含）以上

職業：□製造業　□金融業　□資訊業　□軍警　□傳播業　□自由業

□服務業　□公務員　□教職　□學生　□家管　□其它_____

購書地點：□網路書店　□實體書店　□書展　□郵購　□贈閱　□其他

您從何得知本書的消息？

□網路書店　□實體書店　□網路搜尋　□電子報　□書訊　□雜誌

□傳播媒體　□親友推薦　□網站推薦　□部落格　□其他__________

您對本書的評價：（請填代號　1.非常滿意　2.滿意　3.尚可　4.再改進）

封面設計____　版面編排____　內容____　文／譯筆____　價格____

讀完書後您覺得：

□很有收穫　□有收穫　□收穫不多　□沒收穫

對我們的建議：________________________________

____

____

____

請貼
郵票

11466
台北市內湖區瑞光路 76 巷 65 號 1 樓

秀威資訊科技股份有限公司 收

BOD 數位出版事業部

(請沿線對折寄回，謝謝！)

姓　　名：＿＿＿＿＿＿＿＿＿＿ 年齡：＿＿＿＿ 性別：□女　□男

郵遞區號：□□□□□

地　　址：＿＿＿＿＿＿＿＿＿＿＿＿＿＿＿＿＿＿＿＿＿＿＿＿

聯絡電話：(日)＿＿＿＿＿＿＿＿＿＿ (夜)＿＿＿＿＿＿＿＿＿＿

E-mail：＿＿＿＿＿＿＿＿＿＿＿＿＿＿＿＿＿＿＿＿＿＿＿＿